PRIVATE TASTE

Anita Moser

OLINA TRIFFT AUF PRIVATE TASTE

Hannes Biedermann
Geschäftsführer
olina Franchise GmbH

Anita Moser
Geschäftsführerin
PRIVATE TASTE

Die Küchenfachhändler, die sich dem Netzwerk von olina angeschlossen haben, stehen für Qualität, Service und kompetente Beratung. Die Profis beraten Sie mit großer Leidenschaft und hoher Fachkenntnis, die auch bis in angrenzende Gewerke reicht.

In Anita Mosers PRIVATE TASTE finden Sie erneut viel Liebe zum Detail und Qualität auf höchster Ebene. Genießen Sie nach Fertigstellung Ihrer olina-Küche ein kulinarisches Gericht nach Anita Mosers Rezepten.

Ich wünsche Ihnen viel Freude
in Ihrem individuellen Küchentraum!

Kochen war immer schon eine meiner liebsten Beschäftigungen. Ob Süßes oder Herzhaftes, Hausmannskost, regionale oder internationale Küche und hin und wieder auch das Kochen auf hohem Niveau – es macht mir einfach Spaß, in der Küche kreativ zu sein.

Dieses Kochbuch ist somit nicht nur eine Sammlung raffinierter Rezepte, die sich schnell und einfach zaubern lassen, sondern vielmehr ein Einblick in meinen ganz persönlichen Lebensstil – einfach „private taste".

Viel Spaß beim Nachkochen, Ausprobieren und Einladen!

Geballte Kompetenz und umfassender Service für Ihren individuellen Lebensraum.

Mit Ihrem olina-Fachberater werden Ihre Küchenträume wahr.

Höchste Produktqualität und feine Kreationen für Ihren persönlichen Genuss.

Mit PRIVATE TASTE werden Ihre Dinnerträume wahr!

PIKANTES

Seite

Ⓖ GLUTENFREI

SÜSSES

PIKANTES TERRAIN

olina®
KÜCHEN

TRAUNZEIT -
DAS CAFÉ AM FLUSS
www.traunzeit.at

„Mein Fischbrötchen"

BAGEL MIT RÄUCHERLACHS UND ORANGEN-SENF-DRESSING

SO MACHE ICH DAS:

- Für die Orangen-Senf-Marinade vermische ich scharfen und Dijon-Senf mit frisch gepresstem Orangensaft und Agavendicksaft und schmecke alles mit Salz und Pfeffer ab.

- Den frisch gebackenen Bagel (siehe mein Rezept „Semmerl mit Loch") schneide ich nun vorsichtig auf, bestreiche diesen mit der Orangen-Senf-Marinade, lege die frisch gewaschenen Salatherzen und Cocktail-Tomaten darauf und beträufle diese ebenfalls mit der Marinade. Danach belege ich mit Lachs und Zwiebelringen und schließe den Bagel mit seinem Deckel.

Ein wunderbarer Genuss, der sogar Oma und Opa positiv überrascht.

Mein Tipp für Dich:
Bitte achte auf das MSC Siegel für nachhaltige Fischzucht bei der Auswahl von Räucherlachs!

WAS ICH DAZU BRAUCHE:

Menge reicht für ca. 4 Bagels

1 Pkg	Räucherlachs à 300 g
1-2	Salatherzen
	Cocktail-Tomaten
2-3 EL	scharfer Senf
1 EL	Dijon-Senf
	Frisch gepresster Saft einer halben Orange
1-2 EL	Agavendicksaft
	Salz und Pfeffer

WAS ICH DAZU BRAUCHE:

für 4-6 Stück

300 g	Magertopfen 25 %
50 g	geriebene Mandeln
30 g	Flohsamen
20 g	Chia-Samen
20 g	geschrotete Leinsamen
50 g	gesalzene Körnermischung mit Sonnenblumenkernen und Kürbiskernen
4	Eier
1 TL	Weinstein-Backpulver
	je eine Prise Salz, Pfeffer und Knoblauchpulver

SO MACHE ICH DAS:

- Zuerst verrühre ich die ganzen Eier mit dem Topfen zu einer homogenen Masse.

- Die trockenen Zutaten vermenge ich in einer separaten Schüssel und gebe diese dann löffelweise zur Eier-Topfen Masse, während ich umrühre. Danach rastet der Teig für ca. 10 Minuten, damit die Masse gut quellen kann. Den Backofen heize ich auf 170 Grad Heißluft vor.

- Für das Formen der Bagel knete ich eine Kugel mit ca. 6 cm, drücke diese auf einer Arbeitsfläche flach und mache mit einer Ausstechform in der Mitte das typische Bagel-Loch mit einem Durchmesser von ca. 3 cm.

TRAUNZEIT -
DAS CAFÉ AM FLUSS
www.traunzeit.at

BAGEL

„Semmerl mit Loch, der kleine feine Unterschied"

Mein Tipp für Dich:
Es ist sehr hilfreich, die Hände zum Formen leicht zu befeuchten.

- Danach die Bagel nach Wunsch wahlweise mit schwarzem Sesam oder mit Schwarzkümmel bestreuen.

- Die Bagel nun für ca. 35 Minuten in das vorgeheizte Backrohr geben. Diese frischen „Loch-Semmerl" schmecken nicht nur zum Frühstück, sondern auch für zwischendurch und als Hauptgericht – ob bunt gefüllt oder „simply plain" bleibt dem persönlichen Geschmack überlassen.

Wissenswertes:
Schwarzkümmel hat einen sehr intensiven Geschmack und behält beim Backen seine schöne Farbe.

WAS ICH DAZU BRAUCHE: *Rezept für 4 Portionen*

2	ganze Lammlachse (ausgelöstes Fleisch der Lammkoteletten)
22 Blatt	frischen Bärlauch
2 EL	Dijon-Senf
	Salz, Pfeffer
	Pflanzenöl

Paprikacreme:

4	Zungenpaprika
1	Zwiebel
1/16 l	Rotwein
1/8 l	Gemüsesuppe
1/16 l	Schlagobers
	Salz, Pfeffer

20	Pimientos
4	große Kartoffel
	Olivenöl
	frisch gehackten Rosmarin

BÄR-
LAUCH-
LAMM-
LACHSE

MIT PAPRIKA-CREME, PIMIENTOS DE PADRÓN UND ROSMARIN-ERDÄPFEL

„Kräftiger Frühlingsgruß aus der Lammküche"

MARIENHOF
www.marienhof.co.at

SO MACHE ICH DAS:

- Für die Paprikacreme gebe ich die entkernten und grob geschnittenen Paprikastücke zum bereits glasig, in etwas Pflanzenöl gerösteten, grob zerkleinerten Zwiebel und lasse beides für ca. 5 Minuten rösten. Dann lösche ich mit Rotwein ab und reduziere die Flüssigkeit auf die Hälfte. Anschließend füge ich die Suppe und Schlagobers hinzu, schmecke mit Salz und Pfeffer ab und lasse alles bei kleiner Flamme für ca. 15 Minuten köcheln, bevor ich das Ganze mit dem Pürierstab zu einer Creme verarbeite.

- Nun vermische ich Senf mit frisch gemahlenem Pfeffer und 6 Blättern fein gehacktem Bärlauch, bestreiche damit die zimmerwarmen Lammlachse und lasse diese für etwa eine Stunde rasten.

- Die in Spalten geschnittenen Kartoffeln lege ich auf ein Backblech, beträufle sie mit etwas Olivenöl, bestreue sie mit dem frisch gehackten Rosmarin und gebe sie für ca. 15 Minuten auf die unterste Schiene in das auf 190 Grad mit Heißluft vorbereitete Backrohr, dessen Temperatur ich nun auf 75 Grad reduziere (einfach das Backrohr für ca. 10 Minuten öffnen).

- In einer Pfanne brate ich die „ausgeruhten" Lammlachse von allen Seiten goldbraun an und gebe die Pfanne für 15 Minuten auf die mittlere Schiene des Backofens zu den Erdäpfeln.

- Danach nehme ich das Fleisch aus der Pfanne und lasse es, eingewickelt in Alufolie, ca. 10 Minuten rasten.

- Die Pimientos schwenke ich für etwa fünf Minuten in heißem Pflanzenöl und lasse sie dann auf Küchenpapier abtropfen.

- Das Lammfleisch salze ich und brate es nochmals kurz in der heißen Pfanne von allen Seiten an und nehme es zum Zerteilen aus der Pfanne. In das verbleibende Öl gebe ich für 30 Sekunden die restlichen Bärlauchblätter, die ich danach über das in dicke Scheiben geschnittene und angerichtete Lamm lege.

- Die Pimientos werden mit grobem Meersalz bestreut und geben dem Lammgericht, als Komposition gemeinsam mit den Kartoffeln und der Paprikacreme, eine herrlich farbenfrohe Note.

TAJ MAHAL
www.tajmahallinz.at

CHICKEN

WAS ICH DAZU BRAUCHE:

Diese Menge ergibt 2-3 Portionen

2	Knoblauchzehen
1	Zwiebel
250 g	Hühnerbrust
1-2 EL	Masala Gewürz
1 Stange	Mangold
250 g	Kräuterseitlinge

Joghurt-Dipp:

150 g	cremiges Joghurt
2 EL	Sauerrahm

zum Garnieren:
Radicchio

MASALA

„Fröhlichkeit durch Form und Farbe"

SO MACHE ICH DAS:

- Zuerst röste ich Zwiebel und Knoblauch zusammen an und gebe die grob geschnittenen Kräuterseitlinge und den Mangold dazu. Dann würze ich mit Salz und Pfeffer.

- In einer zweiten Pfanne röste ich die in Streifen geschnittene Hühnerbrust und würze mit 1-2 EL Masala Gewürz.
  Für den Joghurt-Dip verrühre ich Joghurt mit Sauerrahm und schmecke mit etwas Salz ab.

Mein Tipp für Dich:
Das Gericht ist einfach, schnell zubereitet und schmeckt hervorragend.
Die Hauptrolle als Eye Catcher spielt der Radicchio auf einem perfekt arrangierten Teller.

HUTTIS
GUPFWALDHEURIGER
www.huttis-gupfwaldheuriger.at

„Außer-
gewöhnliche
Akzenten
im Design"

„Fischige
Früchtesymphonie"

FORELLE ORANGE RETTICH

WAS ICH DAZU BRAUCHE:

Rezept für 2 Portionen

1	weiße Rettichstange
2-3	Frühlingszwiebeln
1	kleiner roter Paprika
2-3	süßliche Orangen
2	geräucherte Forellen-Filets
1	Handvoll Walnüsse

Marinade:

2-3 EL	Bio-Leindotteröl von Farmgoodies
je 1 Prise	Zucker und Salz
5 EL	Bio-Birnen-Balsam-Essig von Pankrazhofer
2-3 EL	frisch gepressten Orangensaft

Deko:

	Orangenschalenstreifen

SO MACHE ICH DAS:

- Ich schäle den Rettich mit einem Sparschäler und hachle feine Filets, filetiere die Orangen, schneide die Frühlingszwiebel mit dem Grün in feine Scheiben, vermenge mit dem klein würfelig geschnittenen Paprika und einer handvoll Walnüssen.
- Für die Marinade vermische ich alle Zutaten und gebe diese dann über den Salat.

Mein Tipp für Dich:
Die Marinade ist bei diesem Gericht ausschlaggebend. Ich verwende dazu regionale Produkte von Farmgoodies und den Essigmacherinnen. Diese Mischung harmoniert hervorragend – das Gericht wird damit zur traumhaften Geschmacksexplosion.

FARMGOODIES
BIO-LEINDOTTERÖL
www.farmgoodies.net

ESSIGMACHERINNEN
www.pankrazhofer.at/news-blog/die-bio-essigmacherinnen

NEPOMUK ST. FLORIAN
www.facebook.com/
nepomukrestaurant

„Der großartige Grüne"

„GRAND VERT" SPARGEL MOUSSE

WAS ICH DAZU BRAUCHE:

Rezept für 4 Personen

500 g	„Grand Vert" Spargel, Klasse 1
12	Stangen „Grand Vert", Klasse 3
1 Becher	Sauerrahm
1 Prise	gemahlenen Knoblauch
	etwas geriebene Muskatnuss
1 Schuss	Weißwein
1 Prise	Salz
	Agar Agar
250 g	Bio-Räucherlachs
100 g	Bio-Schafkäse
	Dressier-Ringe

Zum Garnieren:
rote und gelbe Tomaten
Sauerampfer

SO MACHE ICH DAS:

- Den großen Spargel schneide ich in kleine Stücke und koche diesen für ca. 12 Minuten in Salzwasser sehr weich. Danach püriere ich ihn mit Sauerrahm und Weißwein und schmecke mit Gewürzen ab.

- Das Agar Agar koche ich für 2 Minuten auf und rühre es dann unter das kalte Mousse.

  Mein Tipp für Dich:
  Agar Agar bereite ich immer nach genauer Packungsanleitung zu, da dies je verwendetem Produkt und Hersteller sehr unterschiedlich sein kann.

- Nun fülle ich das Mousse halbvoll in Dressier-Ringe mit einem Durchmesser von 4-6 cm, schlichte die kleinen halbierten Spargelstangen rundherum und kühle das Mousse für mindestens 2-3 Stunden, bis ich es schön garniert mit Lachs, Schafkäse, Tomaten und Sauerampfer zusammen mit meinem hausgebackenen Kürbiskernbrot (siehe Seite 20) serviere.

Brotbeutel

KÜRBIS-KERN-BROT

FARMGOODIES BIO-KÜRBISKERNÖL
www.farmgoodies.net

„Simply the Best"

SO MACHE ICH DAS:

- Ich vermenge alle Zutaten in einer Rührschüssel und lasse den Teig für 20 Minuten quellen.
- Das Backrohr heize ich nun auf 170 Grad Heißluft vor.
- Nach der Quellzeit fülle ich den Teig in eine 20 cm große Kastenform ein, bestreue reichlich mit Kürbiskernen und backe das Brot ca. 60 Minuten.

Mein Tipp für Dich:
Ich liebe das Bio-Kürbiskernöl aus Oberösterreich von FARMGOODIES. Die Qualität ist ausgezeichnet und verleiht dem Brot eine wunderbare Farbe und den besonderen Geschmack!

WAS ICH DAZU BRAUCHE:

200 g	Magerjoghurt
200 g	Magertopfen
120 g	Mandelmehl
110 g	Haferkleie
1 Pkg	Weinstein Backpulver
3	Eier
100 g	Kürbiskerne, geschrotet
1 EL	Bio-Kürbiskernöl
½ TL	Fenchelsamen
1 Prise	Salz
	Kürbiskerne zum Bestreuen

JAKOBSMUSCHELN
AUF FEINEM ERBSENPÜREE

„Pilger im Gras"

SO MACHE ICH DAS:

- Das Erbsenpüree bereite ich nach dem Grundrezept von Seite 60 zu.
- Die frischen Jakobsmuscheln salze ich ein wenig, bestäube sie mit etwas Paprikapulver, um ihnen eine frische Farbe zu geben, und brate sie in erhitztem Olivenöl für 90 Sekunden je Seite an.
- Für wachsweiche Wachteleier gebe ich die Eier in kochendes Wasser und lasse diese ca. 2,5 Minuten kochen. Danach schrecke ich die Wachteleier in sehr kaltem Eiswasser oder unter fließendem Kaltwasser ab. So lassen sie sich gut schälen.
- Die frischen Erbsensprossen verwende ich zum Anrichten und Dekorieren.

WAS ICH DAZU BRAUCHE:

Rezept für 2 Personen

6	Jakobsmuscheln
	Salz
	Pfeffer
	Paprika
	Olivenöl „The Governor Premium" von Calmterra
	Erbsensprossen
2	Wachteleier

PIANINO
www.pianino.at

Mein Tipp für Dich:
Ich verwende sehr gerne das unfiltrierte extra native Olivenöl namens „The Governor Premium" von Calmterra zum Anbraten. Dieses sehr feine Olivenöl kommt aus Korfu und hat einen ungewöhnlich hohen Gehalt an Polyphenol, das für seine gesundheitsfördernden Eigenschaften bekannt ist. Diese schützen unsere Zellen vor oxidativem Stress. Zudem ist die Note sehr pfeffrig und verleiht den Jakobsmuscheln beim Anbraten genau die richtige Schärfe und lässt sie zu einem Geschmackserlebnis werden.

JAPANISCHE LACHS
MIT SESAMBOHNEN

WAS ICH DAZU BRAUCHE:

Rezept für 4 Personen

2	Lachsforellenfilets
	etwas Kartoffelstärke

Für die Marinade:

1	kleine rote Chilischote
5 cm	Frühlingszwiebel
8 EL	Reisessig
6 EL	Soja-Sauce
4 EL	Zucker
6 EL	Wasser

Für die Sesambohnen:

20	Fisolen / grüne Bohnen
3 EL	Sesam
3 TL	Soja Sauce
1 TL	Zucker
	Erdnussöl

ORELLE

TEICHWERK
www.dasteichwerk.at

„Komposition aus dem Land der aufgehenden Sonne"

SO MACHE ICH DAS:

- Nach individuellem Schärfebedarf schneide ich einen Teil der Chilischote feinwürfelig, Frühlingszwiebel ebenso und gebe beides in eine Schale, in der ich Reisessig, Sojasauce, Zucker sowie Wasser so lange mische, bis sich der Zucker auflöst.
  Die Lachsforellenfilets schneide ich in ca. 3x3 cm große Stücke und wälze sie in der Kartoffelstärke.

- Nachdem ich die Spitzen der Bohnen gesäubert habe, schneide ich sie in ca. 4 cm lange Stücke und koche sie in Wasser nur so lange, dass sie noch bissfest bleiben.

- Den Sesam mörsere ich zu grobem Pulver, verarbeite ihn mit dem Zucker und der Sojasauce zu einer Paste und schwenke darin die Bohnen. Zuerst mit der Haut nach unten und dann beidseitig brate ich die Lachsforellenfilets in heißem Sesamöl knusprig an.

- Kurz vor dem Servieren schwenke ich die Lachsforelle in einem Teil der Marinade und serviere in jeweils einer Extraschüssel Lachsforelle, Marinade und Sesambohnen.

STIFTSKELLER ST. FLORIAN
www.stiftskeller.co.at

KARFIOL-PIZZA

„Schlanke Italienerin – ohne Gluten und Kohlehydrate"

SO MACHE ICH DAS:

- Ich wasche den Karfiol und schneide die Karfiolrosen in kleine feine Stücke.

  Mein Tipp für Dich:
  Wenn du, so wie ich, den Karfiol rasch zerkleinern willst, dann verwende einen Multischneider von Zyliss oder eine Küchenmaschine.

- Zum klein gehackten Karfiol gebe ich nun drei ganze Eier, den geriebenen und auch den frisch gehackten Mozzarella. Diesen Teig verfeinere ich mit den Gewürzen und streiche ihn auf ein rundes Pizzablech.

- Den Belag kann man individuell gestalten, mit Fisch oder Schinken, wahlweise auch vegetarisch. Ich habe mich für 4 Blatt Schinken entschieden, darauf je eine Scheibe Mozzarella light und mittig eine Olive platziert. Die Wachteleier gebe ich roh als Spiegelei zwischen die freien Flächen.

- Im vorgeheizten Backrohr backe ich die Karfiol-Pizza bei 200 Grad bis diese rundum eine schöne Farbe hat und garniere danach noch mit Kapernbeeren und frischen Basilikumblättern.

  Wissenswertes:
  Die Karfiol-Pizza ist ein idealer Begleiter für gluten- und kohlenhydratfreie Kost.

WAS ICH DAZU BRAUCHE:

Rezept für 2 Portionen

1	Karfiol
	jeweils eine Prise Salz, Pfeffer, Chili, Knoblauch, Oregano
3	Eier
100 g	Mozzarella gerieben
125 g	Mozzarella gehackt
125 g	Mozzarella aufgeschnitten
4 Blatt	Schinken
	Kapernbeeren
4	Wachteleier
	frische Basilikumblätter

KOHLRABI CARPACCIO MIT BLUNZNRÄDERN UND SPECKSCHAUM

WAS ICH DAZU BRAUCHE:

für 4 Personen

12	Scheiben fettarme Blunzn
2	Kohlrabi
16	Orangenfilets
	Vogerlsalat zum Garnieren

Für die Marinade

	Saft zweier Orangen
4 EL	Olivenöl
4 EL	Fischsauce
1 TL	feingehackte rote Chili
1 TL	feingehackte rote Paprika
1 TL	feingehackte grüne Paprika

Für den Speckschaum

100 g	gewürfelter Selchspeck
¼	feingehackte Zwiebel
1/16 l	Vermouth
1/8 l	Schlagobers
1/16 l	Wasser
	Butter

„Eine runde Sache"

SO MACHE ICH DAS:

- Den Kohlrabi schälen und mit einem Gemüsehobel feinblättrig hacheln. Ich vermische diesen Kohlrabi dann in einer Schüssel mit den Zutaten der Marinade und lasse alles mindestens 90 Minuten lang ziehen.

- Für den Speckschaum schwitze ich die Zwiebel in Butter glasig, gebe die Speckwürfel hinzu und lasse alles so lange braten, bis der Speck schön dunkel und knusprig ist. Abgelöscht mit Vermouth und Wasser füge ich Schlagobers hinzu und lasse diese Masse bei kleiner Flamme 20 Minuten köcheln. Nun verwende ich zum Zerkleinern den Pürierstab und entferne dann mit Hilfe eines Passiersiebs die festen Reste. Die übrig gebliebene Flüssigkeit wird mit dem Pürierstab aufgeschlagen.

- Die Blunzenräder brate ich in Pflanzenöl beidseitig knusprig an.

WIA Z' HAUS LEHNER
www.wiazhaus-lehner.at

Mein Tipp für Dich:
Wenn du die Blunzenräder anfangs leicht in Mehl wendest, zerfallen sie beim Braten nicht so leicht.

Ich richte den marinierten Kohlrabi einlagig auf einem flachen Teller an und dekoriere mit den Orangenfilets. Den Vogerlsalat schwenke ich vor dem Anrichten in der restlichen Marinade, gebe die knusprigen Blunzenräder auf den Salat und den Speckschaum auf die Blunzenräder.

KRUSTEN

„Exquisites Entrée aus Meeresfrüchte

WAS ICH DAZU BRAUCHE:

Rezept ist für 4 Personen

1	Zwiebel
250 g	geschälte Krustentiere (Shrimps, Krebse, etc.)
3 EL	frisches und feingehacktes Zitronengras
400 ml	Fischfond
1/16 l	trockener Vermouth
1 EL	feingehackter frischer Ingwer
300 ml	Schlagobers
	Salz
	Pfeffer
1 Messerspitze	Cayenne-Pfeffer
	Erdnussöl
	Blätterteig

Mein Tipp für Dich:
Blätterteig in Streifen geschnitten, m
Paprika, Salz und Pfeffer oder an
deren Gewürzen nach Deinem Ge
schmack bestreut und für ca. 12 Minu
ten im Backrohr bei 200 Grad Umlu
gebacken, passen hervorragend z
dieser Gourmet- suppe.

TIERSCHAUMSUPPE

„Küche ohne Grenzen"

SO MACHE ICH DAS:

- Die trockenen Krustentiere brate ich in Erdnussöl scharf an, gebe den Zwiebel hinzu und lasse ihn ca. 3 Minuten mitbraten. Mit Vermouth lösche ich ab und gebe dann Fischfond, Ingwer und Zitronengras hinzu. Nach dem ersten Aufkochen fülle ich mit Schlagobers auf, schmecke mit Cayennepfeffer, Pfeffer und Salz ab und lasse die Suppe ca. 10 Minuten köcheln.

- Mit dem Pürierstab zerkleinere ich nun die Krustentiere und setze das Köcheln für weitere 10 Minuten fort.

  Je nach Geschmack serviere ich entweder die durch ein Passiersieb gestrichene oder die etwas sämigere nicht-passierte Suppe, die zuvor mit dem Pürierstab schaumig geschlagen wird.

JOHANN'S GENUSS
IM PRIELMAYRHOF
www.johanns-restaurant.at
„Das Beste liegt in der Einfachheit"

LACHSTATAR

WAS ICH DAZU BRAUCHE:

Diese Menge ergibt 2-4 Portionen

400 g	Räucherlachs in Scheiben
1	große Zwiebel
1	Salatgurke

Für die Marinade:

5 EL	Dijon-Senf
4 TL	Estragon Senf
2 EL	Honig
1 Schuss	milder Cognac oder Weinbrand
1 Bund	Dill

SO MACHE ICH DAS:

- Ich schneide die geschälten Zwiebel und den Lachs in kleine Würfel.
  Für die Marinade verrühre ich Senf und Honig mit Cognac, gebe den fein gehackten Dill hinzu und mische diese Marinade mit Lachs und Zwiebel. Das fertige Tatar lasse ich mindestens 90 Minuten im Kühlschrank ziehen.

- Mit dem Sparschäler schneide ich längsseitig dünne Scheiben von der Salatgurke und richte diese in gleich großen Stücken am Teller an. Darauf gebe ich das Lachstatar und dekoriere mit Kapern, Kapernbeeren, einem Dillzweig und mit Röllchen, die ich aus weiteren Gurkenfilets forme.

<u>Mein Tipp für Dich:</u>
Dazu schmeckt getoastetes Weißbrot hervorragend. Ich finde die Marinade geschmacklich am besten mit einem 5* Metaxa. Die scharfe Süße der Marinade kannst Du ganz einfach mit Dijon-Senf und Honig nach Deinem Geschmack abstimmen und die Konsistenz durch Hinzugabe von Weinbrand, wie dem Metaxa, regulieren.

KEMETMÜLLER
www.facebook.com/
kemetmueller

„Individuelle Maßanfertigungen - über den Tellerrand hinausblicken"

CHIA WECKERL

„Fernöstlicher Energiespender"

SO MACHE ICH DAS:

- Die Eier verrühre ich mit dem Topfen und hebe dann alle trockenen Zutaten darunter. Diesen Teig lasse ich für ca. 30 Minuten quellen und forme dann Weckerl, die ich mittig einschneide.

  Mein Tipp für Dich:
  Für Körnerliebhaber ist es perfekt, die Weckerl-Oberfläche vor dem Backen in einer Bio Körnermischung zu wälzen.

- Bei Ober- und Unterhitze auf 200 Grad ca. 35 Minuten lang backen.

Du möchtest glutenfreie Chia-Weckerl?
Einfach die Weizenkleie weglassen!

WAS ICH DAZU BRAUCHE:

3	Eier
250 g	Magertopfen
6 EL	Sonnenblumenkerne
4 EL	Chiasamen
15 g	Flohsamen
65 g	gemahlene Weizenkleie
1 Pkg	Weinstein Backpulver
3 EL	Mandelmehl
1 TL	Bio Brotgewürz
1 TL	Steinsalz

NASCHMARKT
www.linzer-naschmarkt.at

LAMMKRONEN

„La vie en rose – oh là là"

JULIA UND STEFAN ALTREITER
www.stadlers-hofladen.at

MIT RATATOUILLE

SO MACHE ICH DAS:

- Die gewaschenen, aber nicht geschälten Erdäpfel schneide ich in ca. 8 mm dicke Scheiben, koche sie bissfest in Wasser, bräune sie in etwas Öl beidseitig und lege sie auf Küchenpapier. Die 2 mm dick geschnittenen Blätter von Kräuterseitlingen werden ebenfalls in Öl braun angebraten und danach zur Seite gelegt. Die restlichen Zutaten schneide ich in passende Größe und röste sie bissfest, schmecke mit Salz, Pfeffer und Petersilie ab. Danach gebe ich Kräuterseitlinge und Kartoffelscheiben hinzu.

- Ich befreie die Lammkrone von Sehnen und sichtbarem Fett, salze und pfeffere sie und reibe sie mit einer Mischung aus Dijon-Senf und gehacktem Knoblauch ein. Für kurze 90 Sekunden in einer hitzebeständigen Pfanne rundherum in Pflanzenöl mit Rosmarinzweigen anbraten und auf die mittlere Schiene des auf 90 Grad mit Heißluft vorgeheizten Backrohrs schieben.

- Die Lammkrone bleibt nun ca. 45 min im Ofen. Perfekt zartrosa ist sie, wenn ein Fingerdruck auf das Fleisch sich so anfühlt wie ein Druck auf das eigene Kinn.

- Danach nehme ich die Pfanne – Achtung heiß! – aus dem Rohr und wickle das Fleisch in Alufolie, damit es für ca. 10 Minuten gut rasten kann. Im Rückstand der Pfanne – wegen der Röstaromen des darin zuvor gebratenen Fleisches – lasse ich die feingehackte Schalotte, Knoblauch und feingehackten Rosmarin anschwitzen, gieße mit Port- und Rotwein auf und schmecke dann mit Salz, Pfeffer, Kristallzucker und einem Schuss Balsamico ab. Diese Sauce reduziere ich auf die Hälfte und gieße sie durch ein Sieb. Ich binde sie mit einem kalten Stück Butter und etwas Maisstärke.

- Die Lammkrone brate ich vor dem Servieren in Butter nochmals kurz von allen Seiten an und richte sie in Portionen geschnitten zusammen mit dem Ratatouille und der Rosmarin-Portwein-Schalottensauce an.

WAS ICH DAZU BRAUCHE:

Rezept für 4 Personen

800 g	Lammkrone im Ganzen
	Salz, Pfeffer
	Dijon-Senf
	Rosmarinzweige
2	feingeschnittene Knoblauchzehen
	Butter und Pflanzenöl

Für die Portweinsauce:

½	feingeschnittene Schalotte
	Blätter eines Rosmarinzweiges, fein gehackt
1	feingehackte Knoblauchzehe
	Salz, Pfeffer
1/8 l	Rotwein
1/16 l	Portwein
	Balsamico Essig
	Kristallzucker
	Maisstärke

Für das Ratatouille:

4	mittelgroße Kräuterseitlinge
24	Erbsenschoten
1	rote Spitzpaprika
2	mittelgroße Erdäpfel
1	rote Zwiebel
1	Karotte
24	kleine Romanesco-Röschen
	etwas gehackte Petersilie
	Salz, Pfeffer
	ausgestochene Bällchen einer Zucchini

MANGO

WAS ICH DAZU BRAUCHE:

Rezept für 4 Portionen

½	grüne Papaya
1	grüne Mango
4	große Karotten
1	große Zwiebel
10 cm	Porreestange
30 Bl.	Asiatische Minze
ca. 60	geröstete, ungesalzene ganze Erdnüsse

Für die Marinade:

4 EL	grüner Kumquat- oder Limettensaft
10 EL	Fisch-Sauce
1,5 EL	Austern-Sauce
8 EL	Wasser
4 EL	Zucker
2 TL	fein gehackter Ingwer
4 TL	fein gehackter Chili (je nach Schärfebedarf)
1 EL	fein gehackter Knoblauch
1 EL	fein gehacktes Zitronengras

Dazu schmecken mir:
gebratene Garnelen
gebratenes Hühnerfleisch
roher marinierter Thunfisch

SO MACHE ICH DAS:

- Für die Marinade vermische ich alle Zutaten so lange in einer Schüssel, bis sich der Zucker aufgelöst hat.

- Die dünnblättrig geschnittene, mit dem Sparschäler geschälte und entkernte Papaya, schneide ich in ca. 5 cm lange dünne Streifen und verfahre mit der grünen Mango, den Karotten und dem Lauch ebenso.
  Danach gebe ich den in Streifen geschnittenen Zwiebel und die gehackten Blätter der Asiatischen Minze hinzu und vermenge dieses Obst-Gemüse-Potpourri mit der vorbereiteten Marinade für mindestens 90 Minuten.

- In einer Schüssel oder auf einem Teller angerichtet, dekoriere ich diesen Salat mit Erdnüssen und reiche dazu entweder gebratene Garnelen, gebratenes Hühnerfleisch oder aber auch rohen in Streifen geschnittenen Thunfisch, der in der selben Marinade gezogen hat.

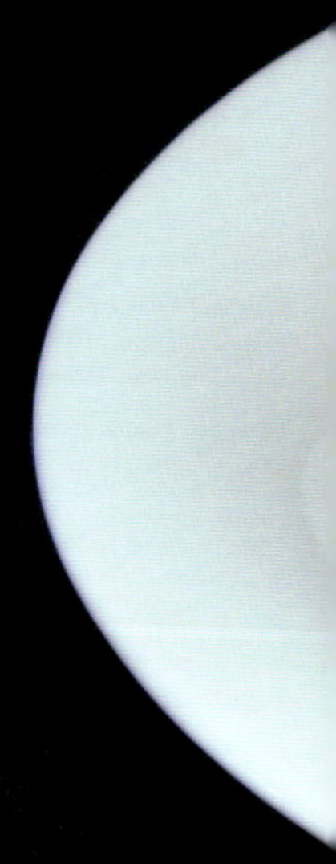

PAPAYA SALAT

„Vietnamesischer Geheimtipp"

RIKSCHA CUISINE AUTHENTIQUE
www.facebook.com/pages/
Rikscha-Cuisine-Hofgasse-12/
141590816259384

Mein Tipp für Dich:
Ungeröstete Erdnüsse bekomme ich beim asiatischen Lebensmittelhändler meines Vertrauens – diese kann ich portionsweise in der Pfanne oder alternativ im Mikrowellenherd rösten.

Dieses Gericht habe ich in der Cooking Class in Ho Chi Minh während meiner Vietnamreise im Jahr 2015 kennen und lieben gelernt.

CUBUS
www.cubus.at

MARINIERTES ROASTBEEF

AUF ROTE RÜBEN CARPACCIO

„Hauptgang zeigt kalte Schulter“

WAS ICH DAZU BRAUCHE:

Rezept für 4 Portionen

400 g	Beiried nach Rezept auf Seite 60 zubereiten
4	kleine Frühlingszwiebeln
4 EL	Walnussöl
2 EL	Kräuteressig
1 EL	Wasser
	Salz, Pfeffer
	Pinienkerne
	Vogerlsalat

4	kleine gekochte und geschälte Rote Rüben
2 EL	Olivenöl
1 EL	Zitronensaft
1,5 EL	Dijon-Senf
1 TL	Zucker

SO MACHE ICH DAS:

- Ich hachle die gekochten Roten Rüben in hauchdünne Scheiben, würze sie mit Salz und Pfeffer und richte sie auf einem Teller als Carpaccio an.
- Die in Ringe geschnittenen Frühlingszwiebel gebe ich zu dem in Streifen geschnittenen Rindfleisch, mariniere alles in Walnussöl und Kräuteressig und schmecke mit Salz, Pfeffer und Wasser ab. Nach ca. 30 Minuten nehme ich das Fleisch aus der Marinade.
- Nun richte ich den Vogerlsalat auf den Roten Rüben an. Auf den Vogerlsalat schichte ich das marinierte Fleisch und dekoriere mit den Frühlingszwiebeln und den zuvor in einer kleinen Pfanne ohne Fett goldbraun gerösteten Pinienkernen.
- Für das Senf-Zitronendressing verrühre ich das Olivenöl, Zitronensaft, Senf und Zucker zu einer sämigen Masse und verteile diese über die Roten Rüben.

<u>Mein Tipp für Dich:</u>
Du kannst für dieses Rezept auch gekochten Tafelspitz und – je nach Geschmack – statt des Walnussöls auch ein wenig Kürbiskernöl verwenden.

„Eine Küche muss in erster Linie für den Alltag gerüstet sein."

FRATELLI
www.facebook.com/pages/
Pizzeria-Fratelli/
218363038192959

MUSCHELN
MIT CIABATTA

„Moules simples"

SO MACHE ICH DAS:

- Zuerst schneide ich die Zitrone in ca. 3 mm dicke Scheiben, entferne die Kerne und zerteile dann die Scheiben jeweils in sechs kleine Teile.

- In einem großen Topf oder Wok lasse ich die Knoblauchscheiben in Olivenöl gemeinsam mit einer Prise Chili langsam dunkelbraun werden.

- Die Muscheln wasche ich unter kaltem Wasser gründlich ab und lasse sie abtropfen.
  Wenn der Knoblauch die gewünschte Farbe erreicht hat, gebe ich die Muscheln in den Topf, drehe die Temperatur auf eine hohe Stufe und hebe nacheinander den gehackten Knoblauch, die Zitronenteile und die gehackte Petersilie unter.

- Nach ca. 5 Minuten Kochzeit mit geschlossenem Deckel und nachdem sich alle Muscheln geöffnet haben, sind die Muscheln servierbereit.
  Dazu passt am besten das von mir gebackene Ciabatta (siehe Seite 44).

WAS ICH DAZU BRAUCHE:

als Vorspeise für vier Personen
als Hauptspeise für zwei Personen

2 kg	frische Miesmuscheln
1	blättrig geschnittene Knoblauchzehe
4	fein gehackte Knoblauchzehen
1	unbehandelte Zitrone
100 g	gehackte frische Petersilie
1 Prise	gemörserte, getrocknete Chilischote
	Olivenöl

CIABATTA

FRATELLI
www.facebook.com/pages/
Pizzeria-Fratelli/
218363038192959

„Brotkunst aus Italien"

SO MACHE ICH DAS:

- Ich vermenge die angeführten Zutaten in der Küchenmaschine und lasse den Teig für 10 Minuten auf voller Stufe kneten. Danach schalte ich die Küchenmaschine auf die kleinste Stufe zurück und knete für 3 Minuten, bevor ich weitere 5 Minuten wieder auf die höchste Stufe schalte.

- Den Teig belasse ich nun in der Rührschüssel und decke diese mit einer Frischhaltefolie ab, damit die Feuchtigkeit erhalten bleibt. Nun braucht der Teig viel Wärme und Ruhe für 1,5 Stunden.

  Mein Tipp für Dich:
  Ich erwärme meist das Backrohr auf 50 Grad und lasse den Teig in der zugedeckten Rührschüssel darin rasten. Die Wärme bewirkt, dass der Teig sehr schön aufgeht.

- Nach 1,5 Stunden Ruhezeit stürze ich den Teig nun auf ein Backblech bzw. in eine Backform und lasse diesen nochmals für 30 Minuten zugedeckt in der Form gehen.

- Das Backrohr heize ich auf 240 Grad Heißluft vor. Den Teig selbst backe ich dann bei 200 Grad ca. 35 Minuten.

  Wissenswertes:
  Lievito Madre ist ein italienischer Sauerteig, der außer Mehl noch Wasser, Olivenöl und Honig enthält. Diese Zutaten machen den Teig außergewöhnlich aromatisch und besonders.

WAS ICH DAZU BRAUCHE:

350 g	Universal Weizenmehl Typ W700
100 g	00-Mehl (Pizzamehl)
2 TL	Salz
1 EL	Olivenöl
375 ml	lauwarmes Wasser
80 g	Lievito Madre – italienischer Sauerteig
1 Pkg	Trockenhefe

WAS ICH DAZU BRAUCHE:

Rezept für 4 Personen

2	vorgekochte Oktopoden gesamt ca.1,8 kg
500 g	Selleriestangen
	Bio-Natives Olivenöl vom Peloponnes
je 1 Prise	Salz und Pfeffer
200 g	geriebenen Parmesan

SO MACHE ICH DAS:

- Ich wasche den vorgekochten Oktopus mit kaltem Wasser ab und schneide die Tentakel in kleine Stücke. Der mittige Körper (Kopf) ist nicht genießbar und wird herausgeschnitten.
- Die Selleriestangen schneide ich in kleine Stücke und füge diese bei, bevor ich alles mit frischem Bio-Nativem Olivenöl, Salz und Pfeffer mariniere.
- Für die Parmesanschüsserl bedecke ich eine mittlere, beschichtete Bratpfanne mit geriebenem Parmesan und lasse diese auf Stufe 6-8 Ofentemperatur schmelzen, dann kurz abkühlen, bevor ich den erwärmten Parmesan über ein Trinkglas stülpe und abkühlen lasse. Das ergibt eine wunderbare Schüssel-Form und ist der Hingucker bei diesem Gericht.

OKTOPUS IN PARMESAN

VARAKES PELOPONNES
www.varakes-gaestehaus.com

EL GRECO
www.elgreco.at

„Weit weg und zu Hause sein im selben Moment.“

Mein Tipp für Dich:
Ich bevorzuge griechisches Olivenöl mit schöner grüner Farbe und cremiger Konsistenz. Das hier verwendete Bio-Olivenöl kommt von Varakes Peloponnes.

„Wie im Urlaub“

WAS ICH DAZU BRAUCHE:

Teig:

2	Eier
100 ml	Milch
50 ml	Bio Golddotter Leinöl
2 TL	Salz
400 g	glattes Mehl

PIROGGEN

„Herzhaftes Osteuropa"

GOSCINNA CHATA
www.goscinna-chata.at

Füllung:

1	Zwiebel
200 g	Bergkäse
200 g	Champignons
100 g	grüne Spinatblätter

Garnierung:

Speckstifte mit Lauch

SO MACHE ICH DAS:

- Aus den Zutaten bereite ich einen Nudelteig zu, d.h. ich gebe das Mehl auf meine Arbeitsfläche, platziere in einer Mulde in der Mitte Eier, Salz, Öl und Milch, knete dann den Teig so lange, bis dieser schön glatt ist. Nun wickle ich die Teigkugel in Frischhaltefolie ein und lasse sie bei Zimmertemperatur eine Stunde ruhen, danach weitere 30 Minuten im Kühlschrank.
  In der Zwischenzeit finde ich immer ausreichend Zeit, die Füllung zu kreieren: Dazu röste ich in einer beschichteten Pfanne den feingehackten Zwiebel mit feingehackten Champignons an; sollte sich Flüssigkeit bilden, so entleere ich diese. Dann füge ich den geriebenen Bergkäse mit fein geschnittenen Spinatblättern hinzu. Die Masse bindet sich durch den Bergkäse sehr schön, sodass man die Fülle für die Piroggen gut löffelweise portionieren kann.

- Nach dem Rasten walke ich den Teig sehr dünn aus, steche runde Kreise von ca. 7-8 cm Durchmesser aus, gebe auf die eine Hälfte 1 TL Füllung und schlage die andere Hälfte darüber. Dann drücke ich mit einer Gabel die Enden zu einem Halbmond. In einem Topf mit kochendem Salzwasser lasse ich die Piroggen dann leicht köcheln.

  Mein Tipp für Dich:
  Die Piroggen sind fertig, wenn sie an der Wasseroberfläche schwimmen.

- Für die Garnierung röste ich die Speckstifte mit etwas Lauch und streue sie über die Piroggen.

  Wissenswertes:
  Piroggen kann man auf verschiedenste Arten zubereiten: ob süß mit Mohn, deftig mit Rindfleisch oder vegetarisch – der Fantasie sind keine Grenzen gesetzt.

RADIESCHEN - MATJES

WAS ICH DAZU BRAUCHE:

Rezept ist für 4 Personen

500 g	Matjesfilets
2 TL	eingelegten grünen Pfeffer
500 g	Radieschen
2	fruchtige Äpfel
60 g	cremiges Joghurt mit mind. 3,5 %
	jeweils eine Prise Salz und Zucker
	etwas frisch gemahlener Pfeffer

SO MACHE ICH DAS:

- Ich tupfe die Matjesfilets mit Küchenrolle trocken und schneide sie feinwürfelig. Den grünen Pfeffer spüle ich in einem feinen Sieb kalt ab und lasse ihn abtropfen. Zwischenzeitig wasche ich die Radieschen gut und zerhacke sie feinwürfelig. Das Grün der Radieschen gebe ich für Dekorationszwecke zur Seite. Den Apfel schneide ich ebenfalls in kleine Stücke.

- Nun hacke ich den grünen Pfeffer in kleine Stücke, gebe ihn zur Matjes-Masse und lasse diese einige Minuten ziehen. Das Joghurt rühre ich vorsichtig unter und schmecke mit einer Prise Salz, Zucker und frischem Pfeffer ab.

  Mein Tipp für Dich:
  Das Tatar soll schön cremig und mild sein, daher verwende Joghurt mit hohem Fettgehalt.

- Dazu genieße ich das feine Italienische Brot von Seite 52.

TATAR

DIE BOHNE - LINZ
www.diebohne-linz.at

„Frühlingshafte Fastenzeit"

ITALIENISCHES BROT

WAS ICH DAZU BRAUCHE:

6	Eier
200 g	Magertopfen
35 g	Mandelmehl
65 g	Haferkleie
60 g	geschroteter Leinsamen
80 g	getrocknete, klein geschnittene Tomaten
1 EL	Oregano
1 EL	Majoran
1 EL	Rosmarin
1 EL	Basilikum
1 TL	Backpulver
1 TL	Sale Bianco Naturale von Veda
60 g	geröstete Pinienkerne zum Bestreuen

SO MACHE ICH DAS:

- Ich rühre die ganzen Eier mit dem Topfen glatt und füge dann der Reihe nach alle Zutaten dazu.
Dieser Teig ist sehr einfach und schnell zubereitet und wird nun bei 160 Grad Heißluft eine Stunde lang in einer mit Backpapier ausgelegten Kastenform gebacken.

Mein Tipp für Dich:
Man braucht nicht für jedes Brot eine eigene Back- oder Kastenform!
Ich unterteile eine große Kastenform in der benötigten Größe, indem ich eine kleine Kastenform quer positioniere und mit Backpapier schütze, sodass der eingefüllte Teig ausreichend Platz hat, um schön aufzugehen.

Wissenswertes:
In den Bergen Siziliens schlummert ein besonderer Schatz: Das Sale Bianco stammt aus einer außergewöhnlich reinen Lagerstätte in 1.100 Metern Höhe, der es sein natürliches Weiß zu verdanken hat. Dort wird dieses Bergstollen-Salz traditionell abgebaut und händisch verlesen. Das Salz ist ohne künstliche Zusatzstoffe wie Jod, Fluor, Aluminium oder Rieselhilfe, naturbelassen und harmoniert besonders gut mit meiner italienischen Brotsorte.

„Più che pane integrale"

JOSEF WALCHSHOFER
www.vedatheke.com

CALMTERRA
www.calmterra.at

REHRÜCKEN
MIT SCHUPFNUDELN

„Wild in Begleitung"

SO MACHE ICH DAS:

ARKADENHOF
www.arkadenhoflinz.at

- Das Backrohr heize ich auf 180 Grad vor. Den gesäuberten Rehrücken reibe ich kräftig mit meinem Bio-Olivenöl von Calmterra namens Divinus ein. Dieses Olivenöl kommt aus Kreta und hat eine leichte, pfeffrige Schärfe und liefert somit bestes Aroma. Danach salze und pfeffere ich den Rehrücken noch etwas und lege frischen Rosmarin und Thymian auf das Backblech, den Rehrücken darauf und gare bei 180 Grad für 30 Minuten. Dann schalte ich für 30 Minuten auf 90 Grad zurück und gebe das würfelig geschnittene Gemüse und das halbe Rotkraut in vier Teile geschnitten dazu und erhöhe die Temperatur wieder auf 180 Grad für 30 Minuten.

  Mein Tipp für Dich:
  Der Rehrücken ist fertig gegart, wenn die Kerntemperatur 55 Grad hat, hier empfehle ich Dir ein digitales Thermometer zu verwenden.

- Nun nehme ich das Fleisch aus dem Ofen, lasse es einige Minuten in einer Alufolie eingewickelt stehen und auf 50 Grad Kerntemperatur abkühlen, löse dann das Fleisch vom Rücken, bevor ich es mit dem Gemüse schön anrichte.

- Für die glasierten Maroni lasse ich den Zucker in einer kleinen beschichteten Pfanne zergehen und gebe dann die Butter dazu, darin schwenke ich die Maroni und halte diese warm, bis sie serviert werden.

- Für die Sauce gebe ich den Wildfond in eine Pfanne und reduziere durch Köcheln um 1/3. Dazu gebe ich Preiselbeeren und einen kräftigen Schuss Rotwein, bevor ich mit einem Löffel Maizena, aufgerührt mit Wasser, die Sauce binde und mit Salz und Pfeffer abschmecke.

  Wissenswertes:
  Den Rehrücken kann man mit jedem passenden Herbstgemüse wie z.B. Rote Rüben, Kürbis, Birnen oder verschiedenen Pilzsorten servieren.

- Als Beilage serviere ich gerne Schupfnudeln siehe Rezept Seite 56.

WAS ICH DAZU BRAUCHE:

Rezept für 4 Personen

1	Rehrücken
Gemüse:	
½	Rotkraut
2-3	Pastinaken
2	kleine Charlotten-Zwiebel
250 g	Champignons, vorzugsweise braune
	Rispentomaten
	etwas frischer Thymian und Rosmarin
4 EL	Bio-Olivenöl Divinus von Calmterra
glasierte Maroni:	
20 g	Butter
40 g	Zucker
Sauce:	
¼ l	Wildfond
20 g	Preiselbeeren
1 Schuss	guter Rotwein
1 EL	Maizena
	etwas frisch geriebener Pfeffer
	eine Prise Salz

ARKADENHOF
www.arkadenhoflinz.at

SCHUPF-NUDELN

„G´schupftes aus Österreich"

SO MACHE ICH DAS:

- Die geschälten Kartoffeln im Schnellkochtopf für ca. 20 Minuten kochen und mit der Kartoffelpresse zerdrücken. Mehl, Dotter, Salz, Muskatnuss unterheben und alles zu einem sehr weichen, flaumigen Teig verrühren. Sollte der Teig zu weich und klebrig sein, gebe ich einfach noch etwas Mehl hinzu. Die Konsistenz hängt meist von der Kartoffelsorte ab.

- Für jede Schupfnudel steche ich je einen Esslöffel Teig aus und forme ca. 4 cm lange dicke Nudeln.
  Diese gebe ich in leicht gesalzenes, kochendes Wasser und lasse sie so lange kochen, bis sie an der Wasseroberfläche schwimmen.

  Mein Tipp für Dich:
  Die Schupfnudeln dürfen niemals zu sehr kochen, sonst könnten sie zerfallen.

- Nun die Schupfnudeln kalt abspülen, trocken tupfen und in Butterschmalz backen.

  Wissenswertes:
  Schupfnudeln kann man sowohl süß, als auch pikant genießen. Der Favorit meiner Familie sind die Mohnnudeln mit Apfelmus.

WAS ICH DAZU BRAUCHE:

Rezept ist für 4 Personen als Beilage

250 g	mehlige Kartoffeln
10 EL	glattes Mehl
1	Eidotter
1 TL	Salz
	etwas geriebene Muskatnuss

REHSCHNITZEL
MIT KÜRBISKERNPANADE UND VOGERLSALAT

„Wild auf Wild"

SO MACHE ICH DAS:

- Die Rehschnitzel schneide ich mit einem scharfen Fleischmesser aus der Keule, salze und pfeffere sie leicht. Sollte ein Schnitzel zu dick sein, so klopfe ich es leicht.

- Für die Panade wende ich die Schnitzel zuerst in Mehl, dann im verquirlten Ei und zuletzt in den Bröseln, die zur Hälfte mit gehackten Kürbiskernen vermengt sind. Danach lasse ich die panierten Rehschnitzel für ca. 10 Minuten ruhen, bevor ich sie in erhitztem Butterschmalz in der Pfanne kross backe.

- Für die Beilage koche ich die Salatkartoffeln zart-weich und schneide sie noch lauwarm in eine Schüssel. Mariniere sie mit allen vermengten Zutaten des Dressings und hebe dann den Vogerlsalat unter.

- Frische Preiselbeeren, sowie eine Zitrone gehören einfach dazu – ich richte diese am Teller mit an.

Wissenswertes:
Rehfleisch hat einen mittleren Fett- und Fettsäuregehalt, einen sehr geringen Salz- und Zuckeranteil und zählt somit zu den gesunden Fleischsorten, die von Ernährungswissenschaftern immer wieder empfohlen werden.

MITTEN IN DER WELT
GASTHOF ROITHER
www.mitteninderwelt.at

WAS ICH DAZU BRAUCHE:

Menge für 4 Personen

250 g	Rehschnitzel aus der Keule
2	Eier
	je eine Prise Salz und Pfeffer
	Mehl, Brösel und Kürbiskerne für die Panade
	Kürbiskerne gehackt
	Butterschmalz
250 g	Vogerlsalat
250 g	Salat-Kartoffeln

Dressing:

1 TL	Estragonsenf
2 EL	Balsamessig
4 EL	Walnussöl (oder Olivenöl)
1 Prise	Zucker
	Salz
	frisch gemahlener Pfeffer
1	kleine, feingeschnittene rote Zwiebel

SO MACHE ICH DAS:

- Die gewaschenen, aber nicht geschälten Erdäpfel schneide ich in ca. 8 mm dicke Scheiben und lege Sie auf ein Gitter und brate diese ca. 20 Minuten bei 160 Grad Heißluft im Backrohr, bis die Oberfläche der Kartoffelscheiben Blasen bildet und sich hellbraun färbt. Dann reduziere ich die Temperatur auf 80 Grad und öffne für einige Zeit das Backrohr, damit die Temperatur sinkt.

- Ich pariere – so nennen die Fachleute das Entfernen der Sehnen und Fettstücke – das Beiried, salze und pfeffere es und reibe es mit Dijon Senf ein. Ganz scharf brate ich dann das Fleisch rundherum in Pflanzenöl für jeweils ca. eine Minute in einer hitzebeständigen Pfanne gemeinsam mit den Rosmarinzweigen an und schiebe es dann auf die mittlere Schiene des Backrohrs, das ja schon die gewünschte Temperatur von 80 Grad hat. Zuvor setze ich das Gitter mit den Kartoffelscheiben auf die oberste Schiene.

- Nun verweilt das Beiried ca. 60 Minuten bei diesen Bedingungen im Ofen.

- Für das Erbsenpüree koche ich die Erbsen in etwas Salzwasser ganz weich, seihe die Erbsen ab und püriere sie mit dem Pürierstab zu Brei. Reichlich mit frisch geriebener Muskatnuss gewürzt, gebe ich je nach gewünschtem Schärfegrad bis zu drei Messerspitzen Cayenne-Pfeffer hinzu und schmecke mit Salz und Pfeffer ab.

- Ich schäle die Bananenschalotten, lasse aber den Strunk stehen, damit sie beim Braten nicht auseinanderfallen. In etwas Pflanzenöl röste ich dann die Schalotten bis sie außen eine starke Bräunung erhalten. Danach bestreue ich sie mit Kristallzucker und schwenke sie im sich karamellisierenden Zucker.

- Nachdem das Fleisch 60 Minuten im Rohr war, nehme ich die Pfanne – Vorsicht heiß – aus dem Rohr und wickle das Fleisch in Alufolie, damit es für ca. 15 Minuten bei Zimmertemperatur rasten kann. Im Rückstand der Pfanne – wegen der Röstaromen des darin zuvor gebratenen Fleisches – lasse ich die feingehackte Zwiebel anschwitzen, gieße mit Port- und Rotwein auf und schmecke dann mit Salz, Pfeffer, Kristallzucker und einen Schuss Balsamico ab. Ein kaltes Stück Butter, das ich in der Sauce schmelzen lasse sowie etwas Maisstärke binden die Sauce, die – je nach eigenem Geschmack – vorher auch noch durch ein Sieb gefiltert werden kann.

- Nach dem Rasten brate ich das Fleisch in Butter nochmals von allen Seiten scharf an und richte es, in Scheiben geschnitten mit den übrigen Zutaten und den in Zitronen-Salzwasser bissfest gekochten Babykarotten an.

WAS ICH DAZU BRAUCHE:

Rezept für 4 Portionen

800 g	Beiried vom österreichischen Jungstier im Ganzen
	Salz, Pfeffer
	Dijon-Senf
	Rosmarinzweige
	Butter und Pflanzenöl

Portweinsauce:

½	feingehackte Zwiebel
	Salz, Pfeffer
1/8 l	Rotwein
1/16 l	Portwein
	Balsamico-Essig
	Kristallzucker
	Maisstärke

Glacierte Bananenschalotten:

16	Bananenschalotten
	Salz
	Kristallzucker

Erbsenpüree:

600 g	Erbsen, tiefgefroren
	Salz, Pfeffer
	Muskatnuss,
	Cayennepfeffer

14	Babykarotten

ROSA GEBRATENES BEIRIED VOM HOCHLANDRIND MIT ERBSENPÜREE

SIXTENGUT
www.sixtengut.at

„Rind aus der Sterneküche"

SOMMERROLLEN

WAS ICH DAZU BRAUCHE:

Diese Menge ergibt ca. 4-5 Stück

300 g	Rinderfaschiertes
4 Stk	Frühlingszwiebeln
3	Karottenspiralen
1	Zucchinispiralen
	frische Korianderblätter
1-2 EL	Erdnussöl
	eine Handvoll Erdnüsse ungesalzen ungeröstet
3 EL	Teriyaki Sauce
2-3 EL	Agavendicksaft
1 TL	Gomasio
5 Stk	Reispapier
	einen Schuss Soyasauce

Reispapier-Schöpfen

SO MACHE ICH DAS:

- Ich röste die gewaschenen und sehr klein geschnittenen Frühlingszwiebeln in heißem Erdnussöl an, bis sie eine schöne leicht braune Farbe haben. Dann gebe ich das leicht gesalzene Rinderfaschierte dazu und brate es für weitere 3-4 Minuten. Die Würze des Gomasio verleiht dem Rind einen herrlichen Geschmack von Sesam, davon gebe ich nun 1 TL dazu. Zuletzt mariniere ich das Rinderfaschierte mit dem Agavendicksaft und der Teriyaki Sauce, beides habe ich zuvor in einer kleinen Schüssel vermengt. Zuletzt hebe ich die Erdnüsse unter die Masse und lasse diese etwas abkühlen.

  Mein Tipp für Dich:
  Das Reispapier kurz in warmes Wasser eintauchen, auf ein trockenes Geschirrtuch legen und 2-3 Minuten rasten lassen. Dadurch wird das Reispapier weich und lässt sich nachher sehr einfach aufrollen.

- Für die Fülle ist Kreativität gefragt. Zucchini und Karotten vorab mit einem Spiralschneider in Spiralen drehen, ergibt dies ein wunderbares Muster in der Reisrolle. Zuerst die Korianderblätter der Länge nach auflegen, danach das fertig marinierte Rinderfaschierte, darüber die Karottenspiralen, abermals Rinderfaschiertes und zuletzt Zucchinispiralen. Nun mit Hilfe eines Geschirrtuchs aufrollen und leicht zusammendrücken. Für die Deko am Teller hebe ich mir immer einige Gemüsepiralen auf und tunke diese in Soja Sauce.

„Vietnamesische Sommerrollen
im europäischen Winter"
MOSEREI
www.moserei.at

SPARGEL CORDON BLEU

SO MACHE ICH DAS:

- Ich wasche den Spargel sorgfältig und trockne ihn mit Küchenpapier ab. Danach wickle ich zuerst den Käse, dann den Schinken eng um den Spargel, lasse die Spitzen dabei frei, und wälze die Spargelstangen in Mehl, danach in Ei und zuletzt in Semmelbrösel, bevor ich die umwickelten Spargelstangen in Butterschmalz herausbacke.

- Auf den Tellern richte ich fein in Scheiben geschnittenen Kohlrabi an und platziere den frisch gebackenen Spargel darauf. Mit dem Wildmango Balsam-Star vom Fass mariniere ich, die Preiselbeeren gebe ich in abgeschnittene Spargelstücke.

- Zuletzt garniere ich das Gericht schön mit Zitronen und Minzeblättern.

Mein Tipp für Dich:
Hierzu bevorzuge ich ein Glas Velsecco, der dieses Gericht perfekt zur Geltung bringt.

WAS ICH DAZU BRAUCHE:

Menge für 2 Portionen

8 Stück	„Grand Vert" Grünspargel von Velechovsky
8 Blatt	Schinken nach Wahl
8 Blatt	Gouda fein geschnitten
3	Eier
	Paniermehl
	Panierbrösel
	Butterschmalz
1	Kohlrabi
	etwas Salz
5 EL	Wildmango Balsam-Star vom Fass
2-3 EL	Preiselbeeren

VOM FASS
www.vomfass.at

VELECHOVSKY
www.nussboeckgut.at

KEINTZEL
www.wirtshaus-bar.at

„Grünes für echte Kerle"

SPINATWAFFELN

WAS ICH DAZU BRAUCHE:

Menge für ca. 6 Waffeln

100 g	glattes Mehl
125 g	frischer Babyspinat
200 ml	Wasser
2 EL	Speisestärke
2-3 EL	Butter
½ TL	Backpulver
	Salz
	Pfeffer
	Muskatnuss

SO MACHE ICH DAS:

- Für den Waffelteig püriere ich zuerst den Babyspinat mit Wasser, dann rühre ich in einer Schüssel weiche Butter, Mehl, Backpulver, Stärke und Gewürze mit dem pürierten Spinat glatt.

  Mein Tipp für Dich:
  Der Teig kann bei Bedarf kühl gestellt werden, bevor er verwendet wird und sollte nicht zu flüssig sein. Wenn nötig, einfach etwas Mehl dazugeben.

- Die Spinat-Waffeln mithilfe eines Waffeleisens sehr knusprig backen, auf einem Gitter auskühlen lassen und dann nach Lust und Laune füllen.

  Ich habe mich dieses Mal für eine Füllung aus Bresaola – Avocado – Ei und Kresse entschieden.

  Ein weiterer Tipp für Dich:
  Für die vegane Variante kannst du ganz einfach auf die Butter verzichten.

MIT AVOCADO & SPIEGELEI

CAFE EXX
www.cafe-exx.at

„Popeye's Favorit"

PORZELLANLADEN
www.porzellanladen.at

„Der japanische Klassiker peruanisch interpretiert"

TERIYAKI CHICKEN

SO MACHE ICH DAS:

- Ich starte mit der Beilage, die etwa 20 Minuten Kochzeit in Anspruch nimmt. Dazu verwende ich Quinoa, den ich vorab im Sieb wasche, salze und dann für ca. 15 Minuten koche, bis die richtige Konsistenz erreicht ist, d.h. nicht zu trocken, aber auch nicht zu feucht, damit diese Pflanzenart aus Südamerika seinen vollen Geschmack entfaltet.

- Den geschnittenen Zwiebel bräune ich leicht in Erdnussöl an und brate darin die klein geschnittenen Stücke der ausgelösten Hühnerkeulen bei starker Hitze für 10 Minuten mit an, sodass das Hühnerfleisch gut gebräunt ist.
  Währenddessen wasche ich die Langbohnen und lasse sie in Salzwasser für maximal 10 Minuten kochen, damit sie schön knackig bleiben. In der Zwischenzeit bereite ich Eiswasser vor, in dem ich die gekochten Langbohnen 10 Minuten lang abschrecken lasse, um die schöne grüne Farbe zu erhalten.
  Für einen abgerundeten süßlichen Geschmack verfeinere ich die Teriyakisauce mit Agavendicksaft und röste diese gemeinsam mit dem weißen Sesam und dem Hühnerfleisch zwei Minuten vor dem Servieren.
  Beim Anrichten der Speise lasse ich dann meiner Kreativität freien Lauf!

Seit ich 2017 in Peru auf den Geschmack gekommen bin, ist Quinoa ein fixer Bestandteil meiner Küche.

WAS ICH DAZU BRAUCHE:

für 4 Personen

800 g	ausgelöstes Hühnerfleisch von der Keule
1	große weiße Zwiebel in Ringe geschnitten
1 Schuss	Erdnussöl
500 g	Langbohnen / Fisolen
4 TL	Agavendicksaft
1/16 l	Teriyakisauce
1 TL	weißer Sesam
250 g	Quinoa

Wissenswertes:
Quinoa stammt aus Südamerika und hat dort seit ca. 6.000 Jahren gängige Getreidearten erfolgreich ersetzt. Unabhängige Studien beweisen, dass Quinoa ein besonders wertvolles Lebensmittel ist, da es essentielle (vom menschlichen Organismus nicht selbst herstellbare) Aminosäuren und Vitamine in hohen Konzentrationen sowie ein großes Spektrum an Mineralstoffen enthält. Nicht ohne Grund wurde Quinoa zur „Pflanze des Jahres 2013" gekürt.

THUNFISCH AUF ERDBEER-FENCHEL-BEET

SO MACHE ICH DAS:

- Zwiebel, Fenchelstreifen und Knoblauch röste ich – gewürzt mit frisch gemahlenem Pfeffer – in Erdnussöl bei mittlerer Stufe sanft, bis der Fenchel bissfest ist. Aus Sojasauce, Senf und Agavendicksaft rühre ich eine sämige Sauce und hebe 2/3 davon unter die gerösteten Fenchel-Zwiebel-Streifen und gieße mit Orangensaft auf.

- Mit dem Rest der Sauce bestreiche ich die mit Salz und Pfeffer gewürzten Thunfischfilets und brate sie beidseitig für jeweils ca. eine Minute scharf an.

„Feuriger Thunfisch für sonnige Sommertage"

FLORIAN ESCHLBÖCK
www.95tage.at

WAS ICH DAZU BRAUCHE:

Rezept für 4 Portionen

4 Stk	Thunfischfilets (möglichst Sashimi-Qualität)
2	Fenchelknollen in Streifen geschnitten
1	Zwiebel in Streifen geschnitten
2	Knoblauchzehen feingehackt
	Saft einer Orange
2 EL	Sojasauce
2 EL	Dijon-Senf
2 EL	Agavendicksaft
1/2 TL	gemahlener Zimt
	Salz, Pfeffer
10	gewürfelte Erdbeeren
	schwarzer Sesam

- Kurz vor dem Servieren gebe ich die gewürfelten Erdbeeren zum Fenchel-Zwiebel und schmecke mit etwas Zimt ab. Die Erdbeeren sollten nur warm, aber nicht heiß und schon gar nicht patzig sein.
Den Thunfisch dekoriere ich mit etwas schwarzem Sesam und dem übrigen Fenchelgrün.

FRONTFOOD
www.frontfood.at

VEGANER

„Made in the USA - The Vegetarian Way of Life"

Wissenswertes:
Wer den Bun glutenfrei haben möchte, kann Vollkorn- und Roggenmehl durch Sonnenblumenmehl oder Kokosmehl mit Körnern ersetzen.

LINSENBURGER

WAS ICH DAZU BRAUCHE: *Zutaten für 4 Burger*

Karotten Buns:

½	Tasse Roggenmehl
1½	Tassen Vollkornmehl
1 Tasse	geriebene Karotten
2 EL	Leinsamen
1 TL	Kümmel im Mörser zerkleinert
1 TL	Trockenhefe
½ TL	Salz
1 TL	Olivenöl
2/3	Tassen lauwarmes Wasser
	etwas Sesam zum Bestreuen

Linsenlaibchen:

200 g	schwarze Berglinsen
1	Tasse Semmelbrösel
1/3	Tasse Rosinen
½	Tasse Walnüsse
	eine Prise Salz

Sauce:

4 TL	Agavendicksaft
4 TL	Dijon-Senf
1 TL	Curry

Dipp-Deko:

1	Avocado
2	Rote Zwiebeln
1	Tomate
	Spinat oder Rucola
	ganze Walnüsse für die Deko

SO MACHE ICH DAS:

- Zuerst vermenge ich alle trockenen Zutaten, dann rühre ich das Olivenöl mit lauwarmem Wasser unter und knete den Teig in der Küchenmaschine so lange, bis eine sämige Masse entsteht.
  Den Teig lasse ich nun mindestens 1,5-2 Stunden bei Zimmertemperatur zugedeckt gehen, bis sich die Teigmenge verdoppelt hat.

  Mein Tipp für Dich:
  Ist meine Zeit knapp, so stelle ich den Teig zugedeckt bei 50 Grad Heißluft in den Herd. Dadurch verkürzt sich die Gehzeit auf ca. eine Stunde.

- Das Backrohr bei Heißluft auf 250 Grad vorheizen, Laibchen formen, oben einschneiden, mit Sesam bestreuen und dann für ca. 15-20 Minuten backen. Für die ersten 10 Minuten belasse ich die Temperatur bei 250 Grad, aber reduziere dann für die restliche Backzeit auf 200 Grad.

- Für die Linsenlaibchen verwende ich 200g schwarze Linsen, die ich im Kochtopf großzügig mit Wasser bedecke und koche, bis sie mit der Gabel zerdrückt werden können. Überschüssiges Wasser seihe ich ab. Nun zerkleinere ich Walnüsse und Rosinen und gebe diese mit den Semmelbröseln zu den zerdrückten Linsen. Diese wunderbar sämige und geschmacksintensive Masse schmecke ich nun noch mit Salz ab. Die Laibchen werden in warmem Olivenöl gebraten, bis sie eine schöne Farbe haben und knusprig sind.

- Für eine schmackhafte Sauce rühre ich den Agavendicksaft mit Dijon-Senf und Curry cremig an.

AROY THAI
www.facebook.com/
aroythailinz

„Maharadscha im Wok"

WOK CURRY

WAS ICH DAZU BRAUCHE:

Rezept für 4 Personen

	etwas Erdnussöl für den Wok
4	mittelgroße Zwiebeln
1	Zucchini
2	rote Spitzpaprika
1	Pastinake
10	Babykarotten
1	Knoblauchzehe
125 g	Kohlsprossen
250 g	Bio Garnelen
8	Jakobsmuscheln
250 ml	Bio Kokosmilch
1	kleine Stange frisches Zitronengras
	etwas frischen Ingwer
	MILD MADRAS Curry Powder
	je eine Prise Kurkuma und gemahlenen Koriander
	etwas Salz
	eine Prise Cayenne Pfeffer

Zum Garnieren:

je 1 Stk	Chili-Schote rot, gelb, grün
	Limettenscheiben
	einige Blätter Thai-Minze
	Schwarzer Sesam zum Bestreuen

SO MACHE ICH DAS:

- Zuerst wasche ich das Gemüse und schneide Zucchini, Paprika, Pastinake und Kohlsprossen in kleine Stücke. Die Zwiebel schneide ich in vier Teile und zerteile diese in Schalen, die ich dann im Wok im leicht erhitzen Erdnussöl gemeinsam mit dem fein geschnittenen Knoblauch kurz anröste, bevor ich die Kokosmilch dazu gieße und sämtliche Gewürze beimenge. Das Zitronengras und den frischen Ingwer schneide ich sehr fein und füge sie ebenso dazu.

- Danach ergänze ich das restliche Gemüse, dünste alles für ca. 5 Minuten und füge dann die Babykarotten dazu, die in der Kokosmilch ebenfalls dünsten. Zuletzt gebe ich die Garnelen und die Jakobsmuscheln für 2-3 Minuten in den Wok.

- Das Curry schmecke ich mit Salz und Cayenne Pfeffer ab, bevor ich die Garnierung ergänze.

<u>Mein Tipp für Dich:</u>
Bei Curries verzichte ich mittlerweile auf sämtliche Fertigprodukte und auch auf vakuumverpackte Currypasten, und nehme stattdessen harmonische Gewürzmischungen und frische Kräuter.

<u>Wissenwertes:</u>
Bei den Garnelen greife ich ausschließlich zu naturbelassenen Produkten aus biologischer Aquakultur – also nachhaltiger Zucht.

STEININGER
WEISSER BURGUNDER
FÈLSINA
2012
Fontal
TOSCANA
ANTON BAUER
2015
WAGRAM
CUVÉE
Frühroter
Veltliner
Diebsnest
DIWALD
Biologischer Weinbau seit 1980
SÖLVA
Weingut
PINOT BIANCO
Microclimate
Terreno
Boden
Style
Authentizität
Qualità
2016
GROSZER WEIN
GEMISCHTER SATZ
WEISSBURGUNDER
EX · QUI · SIT
HERIBERT BAYER
BDP
VOM BERG
2016
RIESLING
cuvée
cool climate
falkenstein
austria
belami
DÜRNBERG
NEUMEISTER
GRAUBURGUNDER
2014
STRADEN SÜDOSTSTEIERMARK
WEIN AUS ÖSTERREICH

WEINEMPFEHLUNG PIKANTES

Bagel mit Räucherlachs	Muskateller, Valdhuber, Svecina - Slowenien
Bagel	Furmint, Versus, Omaz - Slowenien
Bärlauch-Lammlachse	Cuvee Bauer Anton, Wagram - NÖ
Chicken Masala	Zierfandler-Rotgipfler, Reserve weiß, Weingut Spoltralt-Gebetshuber, Gumpoltskirchen - NÖ
Forelle - Orange - Rettich	Riesling vom Berg, Andreas Schmitges, Erden, Mosel - D
„Grand Vert" Spargel Mousse	Velsecco, Nussböckgut, Leonding - OÖ
Kürbiskernbrot	Frühroter Veltliner Bio Diebsnest, Martin Diwald, Großriedenthal Wagram - NÖ
Jakobsmuscheln	Weißburgunder, Weingut Dürnberg, Falkenstein,Weinviertel - NÖ
Japanische Lachsforelle	Rosé Cuveé Marie Christine, Cháteau de L´Aumérade, Provence - FR
Karfiol-Pizza	Neuburger, Feiler-Artinger, Rust - Burgenland
Kohlrabi Carpaccio	Sauvignon Blanc, Ploder-Rosenberg, St. Peter a.D. - Südost-Steiermark
Krustentierschaum Suppe	Vintage Sekt Blanc de Blanc Brut, Bauer Anton, Feuersbrunn - NÖ
Lachstartar	Rosy Cheek, Punk´s finest, Höflein, Carnuntum - NÖ
Chia Weckerl	CHIA BIRDS Organic Power Drink aus Grüntee, Ingwer, Limette, Minze
Lammkronen mit Ratatouille	Muschelkalk Reserve (100% Chardonnay), Kloster am Spitz, Purbach - Burgenland
Mango Papaya Salat	Riesling Urgestein, Ludwig Hiedler, Langenlois Kamptal - NÖ
Mariniertes Roastbeef	Pinot Noir, Claus Preisinger, Gols - Burgenland
Muscheln mit Ciabatta	Chateau Bonnet Blanc, Entre deux Mers, Saint Emillion, Bordeaux - FR
Ciabatta	Pinot Bianco i Vigneti, Peter Sölva, Kaltern, Südtirol - IT
Octopus in Parmesan	Insolia Baglio di Pianetto, Santa Cristina Gelo, Sizilien - IT
Piroggen	Weissburgunder EX.QUI.SIT, Heribert Bayer, Neckenmarkt - Mittelburgenland
Radieschen-Matjes-Tartare	Sauvignon blanc die Gams in der Steinleithen, Donabaum Sighardt, Spitz, Wachau - NÖ
Italienisches Brot	Lugana DOC Catulliano, Pratello, Venetien - Italien
Rehrücken mit Schupfnudeln	Fontalloro (Sangiovese) Felsina, Castelnuovo Berarotonga, Toscana - IT
Schupfnudeln	Gemischter Satz, Marcus Bach, Groszer Wein - Südburgenland
Rehschnitzel mit Kürbiskernpanade	Pinot Noir Reserve, Kloster am Spitz, Purbach am Neusiedler See - Burgenland
Rosa gebratenes Beiried	Amistar Private Reserve XR (Cabernet Sauvignon, Merlot) Peter Sölva, Kaltern - Südtirol
Sommerrollen	Chardonnay, Stefanie Böheim, Arbesthal, Cornuntum - NÖ
Spargel Cordon Bleu	Velsecco, Nussböckgut, Leonding - OÖ
Spinat Waffeln	Grauburgunder Klassik, Matthias Neumeister, Straden - Südost-Steiermark
Teriyaki Chicken	Grüner Veltliner Axpoint, Karl Lagler, Spitz, Wachau - NÖ
Thunfisch auf Erdbeer-Fenchel-Beet	95 Tage Rosé, Florian Eschlböck, Hörsching - OÖ
Veganer Linsenburger	Grüner Veltliner Rafasetzen (vegan), Ludwig Neumayer, Inzersdorf, Traisental - NÖ
Wok Curry	Gewürztraminer Semidry, Danilo Steyer, Plitvica-Apace - Slowenien

olina®
KÜCHEN

SÜSSES TERRAIN

HOAMAT
www.hoamat.net

APFEL-RAVIOLI

„Ravioli alla manzana – ungewöhnlich fruchtig"

WAS ICH DAZU BRAUCHE:

diese Menge ergibt ca. 4-5 Stück

125 g	Mozzarella
60 g	Mandelmehl
30 g	Kokosmehl
50 g	Bio Kokosöl
1	Bio Ei (Größe M)
50 g	Birkenzucker
1 TL	Backpulver
1	Apfel
½	Zimtstange und eine Nelke zum Dünsten
1	Handvoll Mandelblätter zum Bestreuen

Kokosöl-Ei-Mozzarella-Masse

SO MACHE ICH DAS:

- Ich schneide den Mozzarella in sehr kleine Stücke. Danach vermenge ich alle trockenen Zutaten, schmelze das Kokosöl und rühre das Ei in diese Masse. Nun mische ich den geschnittenen Mozzarella unter die Kokosöl-Ei-Masse und püriere alles mit dem Pürierstab.

  Mein Tipp für Dich:
  Püriere die Kokosöl-Ei-Mozzarella-Masse so lange bis sie schön sämig ist.

- Danach gebe ich löffelweise die trockene Masse hinzu bis ein wunderbarer Mürbteig entsteht, der nun eine Stunde Ruhe im Kühlschrank braucht.

- Während der Teig rastet, bereite ich die Fülle vor:
  Dazu schneide ich den Apfel in kleine Würfel, die ich dann mit 2 EL Wasser, 1 EL Birkenzucker, ½ Zimtstange und einer Nelke kurz dünste und dann abkühlen lasse.

- Mürbteig ist oft klebrig und bricht leicht, daher verwende ich zum Ausrollen wie immer die Frischhaltefolie – ich lege diese unten und oben auf den Teig, damit sich dieser einfach und sehr dünn ausrollen lässt.

- Ich steche runde Kreise von ca. 6 cm Durchmesser aus, platziere die Füllung auf diese Kreise und lege einen Teigdeckel darüber, den ich dann rundum leicht andrücke, sodass Ravioli daraus entstehen.

- Zuletzt streiche ich die Ravioli mit einem Eidotter ein und bestreue sie mit Mandelblättern.
  Bei 170 Grad Heißluft für ca. 15–20 Minuten backen.

  Eine Köstlichkeit, die für die Low-Carb-Küche bestens geeignet ist.

BAISER SCHOKOLADENTORTE MIT WALNÜSSEN UND DATTELN

„Auf Wolke sieben"

SO MACHE ICH DAS:

- Das mit einer Prise Salz versehene Eiweiß schlage ich ca. 10 Minuten sehr steif und rühre dabei den Zucker langsam ein. Gegen Ende füge ich den Zitronensaft dazu, schlage das Eiweiß nochmals kurz auf und hebe zuletzt die Datteln unter.

- Nun halbiere ich die Masse und trage auf zwei mit Backpapier ausgelegten Blechen jeweils Kreise von ca. 22 cm Durchmesser auf.

- Im auf 180 Grad Heißluft vorgeheizten Backrohr lasse ich diese Masse für 5 Minuten backen. Dann drehe ich auf 140 Grad zurück und lasse das Baiser für weitere 90 Minuten im Rohr trocknen. Nun schalte ich das Backrohr ab, öffne die Ofentüre und lasse das Baiser am besten über Nacht abkühlen.

- Für die Creme Mascarpone mit der Bio Schokoladencreme und dem Schokoladenpulver vermengen und dann das aufgeschlagene Schlagobers vorsichtig unterheben. Zuletzt hebe ich Walnüsse und Datteln vorsichtig unter.

WAS ICH DAZU BRAUCHE:

Rezept für 2 Baiser

Baiser-Boden/Deckel:

6	Eiweiß
½ TL	Salz
300 g	Feinkristall Zucker
2 EL	brauner Zucker
1 TL	Zitronensaft
8	klein geschnittene Datteln

Creme:

250 ml	Mascarpone
2 Becher	Schlagobers
200 g	Bio Schokoladencreme (statt Nutella)
4 EL	Trinkschokoladen-Pulver
200 g	Walnüsse klein gehackt
10	Datteln klein geschnitten
	Schokoladenlikör je Geschmack

Mein Tipp für Dich:

Ich ziehe es vor unter den Baiserboden noch einen weiteren Tortenboden zu geben: Dafür backe ich ein einfaches Schokoladen-Biskuit aus 4 Eiern, 4 EL heißem Wasser, 160 g Zucker, 160 g glattem Mehl – gut verrühren und 10 Minuten bei 200 Grad Heißluft backen. Mit zwei Tortenböden erhält die Torte eine fantastische Höhe und lässt vor allem Schokoladenliebhaber auf Wolke Nummer sieben schweben.

DACHCAFE
MICHAELA DURSTBERGER
www.dachcafe.at

BIRNEN-NUSS-BLUME

WAS ICH DAZU BRAUCHE:

8	schöne, große, saftige Birnen
	etwas Zitronensaft
75 g	weiche Butter
180 g	Zucker
1 Prise	Salz
3	Eier
	Abrieb einer Bio-Zitrone
350 g	gemahlene Haselnüsse
150 g	Weizen-Vollkornmehl
½ Pkg	Backpulver
	1 Schuss Rum
	Marillenmarmelade nach Bedarf

„Ein blumiger Kuchentraum"

SO MACHE ICH DAS:

- Zuerst bereite ich das Birnenmus vor, mit dem der Teig gefüllt wird. Dazu schäle ich acht Birnen, halbiere und entkerne sie. Vier Birnen, die ich dünn einschneide und mit Zitronensaft beträufle, damit sie nicht braun werden, lege ich zur Seite.
  Die restlichen vier Birnen schneide ich in kleine Stücke, gebe 2 EL Zucker und 1 EL Wasser in einen Topf und dünste die Birnenstücke bis sie weich genug sind, um sie zu Birnenmus zu pürieren.

- Die Butter rühre ich nun mit Zucker, Salz, Zimt, Zitronenabrieb und zimmerwarmen Eiern schaumig, gebe dann das Mehl mit Backpulver, Haselnüssen und das Birnenmus mit dem Rum dazu.

- Das Backrohr wärme ich auf 180 Grad vor und schiebe nun den in eine Rosettenform gefüllten Teig für 10 Minuten hinein.

  Mein Tipp für Dich:
  Die vorbereiteten acht Birnenhälften gebe ich erst nach 10 Minuten Backzeit auf den Teig, damit diese nicht zu sehr versinken und ein schönes Bild ergeben.

- Der gesamte Kuchen wird nun für 60 Minuten bei 170 Grad Heißluft gebacken.

- Nach der Backzeit bestreiche ich die Birnen mit heißer Marillenmarmelade und bestäube das Innere der Blume mit Zucker.

BISCHOFSMÜTZE

SO MACHE ICH DAS:

- Mit der Küchenmaschine schlage ich das Eiklar mit 100 g Kristallzucker etwa 10 Minuten lang sehr steif und fülle dann die steifgeschlagene Ei-Masse in meinen Spritzbeutel mit kleiner, runder Tülle.

<u>Mein Tipp für Dich:</u>
Verwende Bio Eier der Größe L, das spart Geld und Du hast schnell 1/8 l Eiklar verfügbar.

- Die Dotter und das ganze Ei vermenge ich mit den weiteren 100 g Zucker und lasse diese Masse in der Küchenmaschine schaumig schlagen. Danach hebe ich 100 g Mehl mit ½ Pkg. Backpulver unter.

- Während der Dotter mit dem Zucker schaumig gerührt wird, spritze ich den Schnee schon auf ein mit Backpapier ausgelegtes Blech in 2x3 Bahnen auf!

<u>Mein Tipp für Dich:</u>
Für die Bischofsmütze die Bahnen nur halb so dünn aufspritzen wie bei der traditionellen Kardinalschnitte.

- Danach fülle ich die Zwischenräume mit dem schaumigen Biskuit und schiebe das Blech in den auf 170 Grad Heißluft vorgeheizten Backofen auf die zweite Schiene.
Nun backe ich den Teig für 15 Minuten auf 170 Grad und reduziere dann für weitere 10 Minuten auf 150 Grad, dann reduziere ich für weitere 10 Minuten auf 130 Grad.
Das heiße Backblech nehme ich sofort aus dem Rohr und stürze den gebackenen Teig kopfüber auf ein frisches Backpapier. Das benutzte Backpapier wird mit Hilfe eines kalten, nassen Tuches abgezogen.

- Während ich den gebackenen Teig in Ruhe auskühlen lasse, schlage ich 2 Becher Schlagobers mit 4 EL Staubzucker und mische zuletzt 4 EL löslichen Cappuccino darunter.

- Für die Bischofsmütze brauchst Du nun die Dreiecksform.

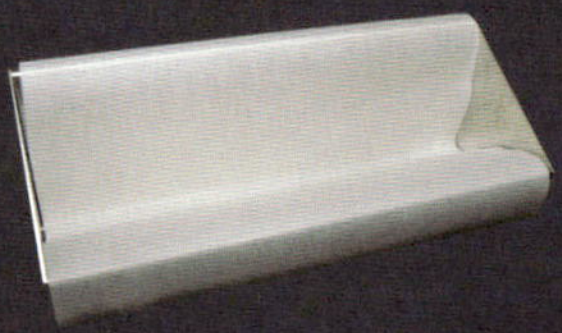

- Ich drapiere die Wände links und rechts mit dem Teig und fülle die Cappuccino Creme von unten nach oben ein. Auf halber Höhe decke ich mit Teig wieder ab, danach fülle ich wieder mit Cappuccino Creme.

<u>Mein Tipp für Dich:</u>
Dieses Rezept ist jenes meiner traditionellen Kardinalschnitte, welches ich für die Bischofsmütze und dessen Form mengenmäßig halbiert habe.

WAS ICH DAZU BRAUCHE:

„Ausflug in den Mehlspeisenhimmel“

HEUSCHOBER
www.heuschober.at

1/8 l	Eiklar
200 g	Kristallzucker
2	Dotter
1	ganzes Ei
100 g	Mehl
½ Pkg	Backpulver

Füllung:

2 Becher	Schlagobers
4 EL	Staubzucker
4 EL	Cappuccino Pulver

BLUEBERRY-TARTE

„Sehnsucht nach Indian Summer"

WAS ICH DAZU BRAUCHE:

250 g	Dinkelmehl glatt
100 g	Staubzucker
125 g	Bio-Butter
1	Ei

Brombeer-Mousse für die Füllung:

300 g	frische Brombeeren
	Mark aus einer Vanilleschote
60 g	Rohrohrzucker
100 g	Joghurt 1,5 %
100 g	Schlagobers
	Saft einer halben Bio-Orange
1 TL	Orangenzesten sehr klein geschnitten
2 Blätter	Gelatine oder Agar Agar nach Anleitung
1 EL	Milch

Für die Deko:

150 g	Brombeeren
100 g	Heidelbeeren
5-6	Minzblätter

SO MACHE ICH DAS:

- Das Grundrezept der Orangen-Tarte anwenden (Seite 118).

- Für das Brombeer-Mousse püriere ich die frischen Brombeeren sehr fein, füge Vanillemark und Rohrohrzucker sowie Magerjoghurt, frischen Orangensaft und die Orangenzesten hinzu.

- Für die richtige Konsistenz des Mousse weiche ich 2 Blätter Gelatine in kaltem Wasser für 2-3 Minuten ein, erwärme dann 1 EL Milch in einer Pfanne, gebe die weiche Gelatine dazu, bis sie gerinnt, und nehme sie vom Herd.
  Zur flüssigen Gelatine gebe ich nun 1 EL vom kalten Brombeer-Mousse und rühre es gut ein. Danach die gesamte Masse im Beeren-Mousse unterrühren und das steif geschlagene Schlagobers vorsichtig unterziehen.

- Nun fülle ich die Creme in die Tarte und lasse alles für 2-3 Stunden erkalten.

- Die fertige Kreation verziere ich nach Lust und Laune.

KOWALSKI
www.diakoniewerk.at/
cafe-bistro-kowalski

BUCHMAIER BIOBEEREN
www.buchmaier.at

EIERLIKÖRKUCHEN

WAS ICH DAZU BRAUCHE:

5	Bio-Eier Größe L
250 g	Staubzucker
2 Pkg	Bourbon Vanillezucker
¼ l	Eierlikör
¼ l	Rapsöl
125 g	Maizena
125 g	Weizenmehl Typ 700
½ Pkg	Backpulver

Glasur:

250 g	Bio Edel-Kuvertüre mind. 70 %

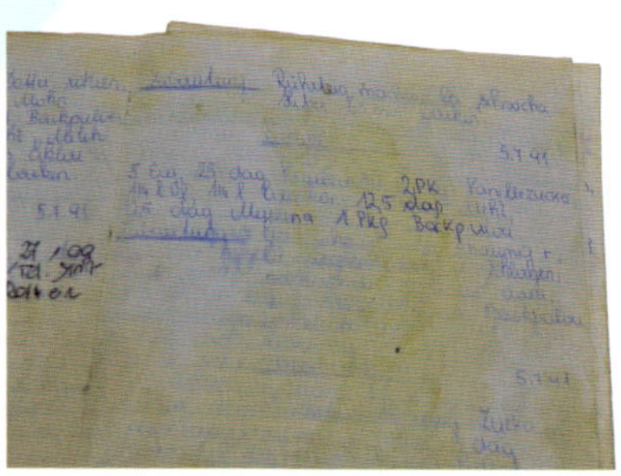

Ich liebe dieses Rezept, es stammt aus der handschriftlichen Rezeptsammlung meiner Familie aus dem Jahr 1991.

SO MACHE ICH DAS:

- Das Backrohr auf 175 Grad Heißluft vorheizen.
  Ich schlage die ganzen Eier in der Rührschüssel auf, gebe Staubzucker und Vanillezucker dazu und rühre die Masse ca. 10 Minuten. Zu dieser wunderbar schaumigen Masse füge ich langsam die Mischung aus Eierlikör und Rapsöl dazu. Das Gemisch aus Maizena, Mehl und Backpulver hebe ich danach unter und fülle alles in eine große Gugelhupf-Backform ein. Ich lasse den Kuchen bei 170 Grad Heißluft für 50 Minuten im Rohr backen.

  Mein Tipp für Dich:
  Es gibt wunderschöne Gugelhupf-Formen, die einen spektakulären Kuchen zaubern. Mit der Wahl der richtigen Backform kannst Du aus einfachen Rezepten kulinarische Augenweiden kreieren.

- Den gut abgekühlten Kuchen glasiere ich zuletzt mit der erwärmten Kuvertüre.

„Mein erster Kochbuch Klassiker"

CAFE VIELE LEUTE
www.viele-leute.at

SCHLOSSCAFE
www.facebook.com/
SCHLOSSCAFELINZ

„Topfentraum der Haute Cuisine“

GEBACKENE TOPFENTORTE
MIT FEIGEN

SO MACHE ICH DAS:

- Die Eier trenne ich und schlage das Eiklar sehr steif. Dotter und Zucker rühre ich danach schaumig und gebe den Topfen, die Milch mit dem Vanillepuddingpulver und einem Löffel Maizena sowie den Saft und Abrieb einer Zitrone dazu. Danach hebe ich den steif geschlagenen Schnee unter.

- Den Teig fülle ich nun in eine Springform von 18 cm Durchmesser, die ich in der Höhe mit einem Backring verlängere.
  Die Feigenstücke lasse ich stückchenweise in den Teig gleiten.

  Mein Tipp für Dich:
  Man braucht nicht für jeden Kuchen eine eigene Backform, Frau muss sich nur zu helfen wissen!

- Nun backe ich den Teig mit Hilfe eines Backrahmens 70-80 Minuten bei 175 Grad Heißluft.

  Hinweis:
  Keine Sorge, falls die gebackene Topfentorte nach dem Backen um ca. die Hälfte wieder in sich zusammen fällt – dann hast du alles richtig gemacht.

- Mir schmeckt diese gebackene Topfentorte am Besten noch lauwarm!

WAS ICH DAZU BRAUCHE:

750 g	Topfen (25 % Fett)
4	Eier
260 g	Milch
1 Pkg	Vanillepuddingpulver
1 EL	Maizena
120 g	Zucker
1	Zitrone
	frisch gepresster Saft einer halben Zitrone
250 g	frische Feigenstücke

GEDECKTE

SO MACHE ICH DAS:

- Die gehackten Mandeln röste ich am Herd leicht an und lasse sie danach abkühlen.

- Aus den angegebenen Zutaten knete ich einen glatten Mürbteig, von dem ich 1/3 in eine Folie einwickle und vorab kalt stelle – diese wird später als Tortendeckel verwendet.

- Den restlichen Teig walke ich sorgsam aus und schlage diesen über die Tortenform. Die Enden streife ich der Form entlang schön hoch und stelle nun auch die Form kalt.

- In der Zwischenzeit schäle ich die Äpfel, schneide diese in kleine Stücke und vermische sie mit dem frisch gepressten Zitronensaft, dem Zucker, den Mandeln und den Rum-Rosinen. Den Apfelsaft erhitze ich und verrühre das in Wasser angerührte Puddingpulver darin, lasse alles nochmals aufkochen, bis es schön eingedickt ist und vermische den Saft nun mit der Apfelmasse. Den in der Zwischenzeit gekühlten Tortenboden steche ich nun mit einer Gabel mehrmals ein, bestreue ihn mit Semmelbröseln und befülle die Tortenform mit der Apfelfülle.

- Das restliche, bis jetzt gekühlte Drittel der Teigmasse walke ich nun aus und setze es als Deckel oben drauf.

  Mein Tipp für Dich:
  Ich habe dieses wunderschöne Muster des Torten-Deckels mithilfe einer passenden Ausstechform realisiert.
  Vor dem Backen streiche ich den Torten-Deckel oben gleichmäßig mit Eigelb ein.

- Die Apfeltorte backe ich bei 200 Grad ca. 50-60 Minuten, bis sie eine schöne Farbe hat. Sollte die Torte zu schnell dunkel werden, decke ich sie einfach mit Alufolie für die restliche Backzeit ab. Danach lasse ich sie noch 2-3 Stunden direkt in der Form abkühlen. Dann steht einem köstlichen Genuss nichts mehr im Wege.

WAS ICH DAZU BRAUCHE:

Mengenangabe für eine Springform mit 26 cm Durchmesser

Teig:

300 g	glattes Mehl
100 g	Weizenvollkornmehl
1 TL	Backpulver
200 g	zimmerwarme Butter
110 g	Kristallzucker
1 Pkg	Vanillezucker
2	Eier
1 Prise	Salz
	Semmelbrösel

Fülle:

75 g	Rum-Rosinen
100 g	gehackte Mandeln
40 g	Kristallzucker
1,2 kg	säuerliche Äpfel
2-3 EL	Zitronensaft
250 ml	Apfelsaft
1 Pkg	Vanillepuddingpulver

APFELTORTE

„Der Klassiker im Kuchenparadies"

WAS ICH DAZU BRAUCHE:

2	Eier
100 g	Zucker
1 Pkg	Vanillezucker
1 EL	Wasser
2 EL	Rapsöl
1 EL	Rum
80 g	Mehl
1 Messerspitze Backpulver	

Für die Erdbeer-Creme:

450 g	Erdbeeren
50 g	Joghurt cremig 3,5 %
	Staubzucker,
	frischer Zitronensaft
	je nach Geschmack
2 Becher	Schlagobers (36 %)
6 Blatt	Gelatine bzw. Agar Agar nach Angabe

Für die Deko:

10	Erdbeeren
	Schokolade 70 %
	gehackte Pistazien

HERZTORTE

„Der Muttertags-Star"

SO MACHE ICH DAS:

- Ich trenne die Eier und schlage das Eiklar sehr steif. Die Dotter vermenge ich mit Zucker und Vanillezucker, füge 1 EL Wasser und das Öl sowie den Rum hinzu und schlage es in der Küchenmaschine schaumig auf. Lass dir dafür ca. 5 Minuten Zeit. Danach hebe ich das Mehl mit Backpulver unter und ziehe den zuvor steif geschlagenen Eischnee sehr vorsichtig unter.
  Diesen Biskuit bei 175 Grad Heißluft für ca. 12 Minuten backen und zum Auskühlen in der Backform belassen.

- Während der Teig im Backrohr verweilt, bleibt genügend Zeit, die frischen Erdbeeren zu pürieren und den Staubzucker mit frischem Zitronensaft und Joghurt unterzurühren. Ich schmecke dieses Fruchtpüree ab: Auf eine Mengenangabe bei Staubzucker und Zitronensaft verzichte ich, da diese immer vom Süßegrad der Früchte abhängt. Verlass Dich einfach auf Deinen guten Geschmack!

  Mein Tipp für Dich:
  Die Fruchtpüreemenge sollte exakt 500 ml betragen, denn nur so kann man die Gelatine punktgenau dosieren, damit die Creme herrlich cremig ist und eine perfekte Konsistenz hat.

- Schlagobers aufschlagen und in den Kühlschrank stellen.
  Die Gelatine weiche ich in kaltem Wasser ein, löse diese dann am Herd bei minimaler Temperatur mit einem Esslöffel Milch auf und rühre 1 EL kalte Creme dazu, damit die Masse homogenisiert, bevor ich die Gelatine ins Fruchtpüree gebe. Zuletzt wird das kaltgestellte Schlagobers untergezogen, sodass eine wunderbare, cremige Masse entsteht.

- Ich belasse den Teig auch nach dem Abkühlen noch in der Herz-Springform, damit man nun die Erdbeercreme darin einfüllen kann – im Kühlschrank für mindestens 6 Stunden kaltstellen.

- Für die Tortendekoration schneide ich 10 Erdbeerherzen mittig durch und tunke diese in zerlassener, dunkler Schokolade 70 % und lasse sie danach trocknen.

- Die gehackten Pistazien verleihen der Torte ein schönes Grün – ich platziere diese am Seitenrand der Torte, wo sie auf der Creme schön haften.

  Mein Tipp:
  Bio Erdbeer-Fruchtpulver verziert die Torte on-the-top wunderbar und bringt die Herzform schön zur Geltung.

HIMBEER-MOHN-JOGHURT TORTE

PREINING
www.konditorei-preining.at

SKYGARDEN
www.skygarden.at

WAS ICH DAZU BRAUCHE:

4	Eier	140 g	Mohn
160 g	Butter	50 ml	Milch
150 g	Zucker	60 g	glattes Mehl
1 Prise	Salz	40 g	Maizena
1 Pkg	Vanillezucker	1 Pkg	Backpulver
	Saft einer halben Zitrone		

SO MACHE ICH DAS:

- Das Backrohr heize ich auf 175 Grad Heißluft vor.

- Die Eier trennen und den Eischnee steif aufschlagen. Dann rühre ich Dotter mit Zucker, Vanillezucker, und Zitronensaft schaumig und gebe die zimmerwarme Butter stückchenweise hinzu. Mehl, Mohn, Backpulver, Maizena vermische ich und rühre diese Mischung gemeinsam mit der Milch unter den Teig. Den steifen Eischnee hebe ich vorsichtig unter. Den Teig fülle ich in eine gut gefettete und gestaubte Springform von 26 cm Durchmesser und lasse ihn bei 175 Grad für 25 Minuten backen. Danach lasse ich die Torte in der Springform auskühlen.

- Die frischen Himbeeren koche ich mit einem Schuss Rum, Zucker und 1-2 EL Wasser in einem Topf auf, bis sich die Himbeeren verflüssigen. Nun binde ich mit dem in Wasser glatt gerührten Maizena, lasse die Creme eindicken und etwas abkühlen, bevor ich sie in die Tortenform auf den gebackenen Mohnteig gebe.

- Ich vermenge das Joghurt mit Zitronensaft und Staubzucker, weiche die Gelatine in kaltem Wasser ein, drücke sie nach 2-3 Minuten aus und lasse sie mit 1 EL Milch in einer kleinen Schüssel am Herd zergehen.

„Im siebten Tortenhimmel"

Himbeer-Creme:

750 g	frische Himbeeren
1 Schuss	Rum
1-2 EL	Wasser
	etwas Zucker
2 EL	Maizena

Joghurt-Creme:

500 ml	cremiges Joghurt 3,5 %
	etwas frischen Zitronensaft
	Staubzucker je nach Geschmack
2 Becher	Schlagobers
8 BL	Gelatine

- Danach gebe ich die gesamte Gelatine unter das Joghurt-Zuckergemisch und hebe das steif geschlagene Schlagobers vorsichtig unter. Diese Creme trage ich nun auf die Himbeer-Creme auf und lasse die Torte für 4-6 Stunden im Kühlschrank gut kühlen.

- Als Verzierung habe ich mich für rotes Himbeer-Gelee entschieden.

  Himbeer-Gelee:
  Dazu koche ich 250 g Himbeeren mit etwas Zucker auf, bis sich daraus die Himbeer-Flüssigkeit ergibt, die ich dann durch ein Sieb passiere. Davon verwende ich dann ¼ l Flüssigkeit, um die Gelatine nach Packungsvorschrift zuzubereiten.

  Mein Tipp für Dich:
  Rühre zur warmen zerlassenen Gelatine 1-2 EL der kalten Creme – dadurch lässt sie sich in jede Creme einrühren ohne zu verklumpen.

  Mein weiterer Tipp für Dich:
  Damit meine Oberfläche mit der Himbeer-Gelatine schön glatt wird, ist es wichtig, dass die vorhandene Creme auf der Torte sehr kühl ist. Nur so ist es möglich, dass ich die noch leicht warme und flüssige Gelatine mit einem Löffel einfach auftragen und noch gut und glatt verteilen kann.

KAFFEE

WAS ICH DAZU BRAUCHE:

Hippenteig:

100 g	zerlassene Butter
100 g	Eiweiß
50 g	Kaffeepulver
100 g	Rohrohrzucker
100 g	glattes Mehl

Kaffeeschaum:

200 ml	Espresso
400 ml	Schlagobers
50 g	Staubzucker
2 Blatt	Gelatine

Kaffeeeis:

250 ml	Schlagobers
4	Eigelb
100 g	Zucker
5 g	Kaffee

SO MACHE ICH DEN KAFFEESCHAUM:

Für den perfekten Kaffeeschaum verwende ich eine Espuma-Flasche mit zwei Kapseln.
Ich gebe Schlagobers, Espresso und Staubzucker in eine Schüssel, verrühre alles und gebe dann die zerlassene Gelatine dazu. Nun fülle ich diese Masse in eine Espuma Flasche (z.B. Marke ISI), schüttle diese 3-4 mal kräftig – et voilà, fertig ist der Kaffeeschaum, mit dem ich dieses Dessert dekoriere.

SO MACHE ICH DAS KAFFEEEIS:

Zucker mit Eigelb über einem Wasserbad schön schaumig schlagen. Schlagobers und Milch mit einer Prise Salz aufkochen, abkühlen lassen und mit der zuvor schaumig geschlagenen Eiermasse vermengen. Diese Flüssigkeit gebe ich nun in einen Topf und erwärme sie bis zur Rose, d.h. die Masse darf NICHT kochen, so lange bis eine wunderbar cremige Masse entsteht. Diese fülle ich nun in meine Eismaschine und kühle sie im Rührvorgang 60 Minuten.

HIPPEN-DESSERT

„Coffee Junkies"

ANDRESEN KAFFEE
office@andresen-kaffee.at

Mein Tipp für Dich:
Damit mein Kaffee-Dessert sein wunderbares Aroma entfalten kann, verwende ich dafür eine exquisite hundertprozentige Arabicabohne der Sorte „MENA GOLD", ein Hochlandkaffee aus Sumatra, der ein Geheimtipp für Kaffeekenner ist: In Österreich erhältlich bei Andresen Kaffee.
www.andresen-kaffee.at

Wissenswertes:
Ich verwende immer dunklen MUSCOVADO Rohrohrzucker aus Madagaskar. Dieser Zucker wird aus Zuckerrohr hergestellt und ist eine Vorstufe zu weißem Zucker, nicht gereinigt, nicht raffiniert. Daher sind noch alle Farb- und Inhaltsstoffe des Zuckerrohrs enthalten. MUSCOVADO Rohrohrzucker besitzt ein einzigartiges, schweres und nussartiges Aroma mit Karamell, das den Hippen eine besondere Geschmacksnote verleiht.

Ein Dessert der gehobenen Küche, mit dem man anspruchsvolle Gäste verzaubern kann.

SO MACHE ICH DIE HIPPEN:

Ich zerlasse die Butter und gebe sie in einer Rührschüssel zu allen anderen Zutaten, vermenge alles und streiche diese Masse durch ein Sieb.

Die Hippenmasse streiche ich auf vorgefertigte Schablonen und backe den Teig bei 200 Grad ca. 15 Minuten. Die Masse sollte nach dem Backen schön knusprig und hart sein.

KIWI-BEEREN-PLUNDER

„Fruchtiger Augenschmaus""

WAS ICH DAZU BRAUCHE: Zutaten für 6 Plunder

1 Pkg	Vanillepuddingpulver
3 EL	Zucker
400 ml	Milch
24	Kiwi-Beeren
2	Eidotter

SO MACHE ICH DAS:

- Für den Plunderteig verwende ich das Mohnzopf Rezept von Seite 110 oder, wenn die Zeit knapp ist, den Frischteig von Tante Fanny.

- Den Pudding bereite ich nach Anleitung zu, verwende allerdings nur 400 ml Mich, damit der Pudding mehr Festigkeit erhält.

  Mein Tipp für Dich:
  Vanillepudding ist in der Mikrowelle schnell zubereitet. Ich rühre dazu das Puddingpulver mit Milch und 3 EL Zucker glatt und erwärme für 7 Minuten bei 1100 Watt. Nach dem Aufkochen lasse ich den Pudding abkühlen.

- Aus dem vorbereiteten Plunderteig schneide ich sechs Quadrate zu je 6x6 cm aus. In der Mitte platziere ich einen großen Esslöffel erkalteten Pudding.

- Die Quadrate schneide ich nun jeweils 0,5 cm vom Rand freibleibend von den Ecken nach innen soweit ein, dass mittig an allen 4 Seiten 1 cm geschlossen bleibt. Dann hebe ich die eingeschnittenen Teile von den Ecken heraus und falte diese mittig, wie auf der Fotostrecke ersichtlich.

- In die so entstandenen Ecken platziere ich jeweils eine halbe Kiwi-Beere und bestreiche die fertigen Plunderteile mit Eidotter, damit sie beim Backen eine schöne goldgelbe Farbe erhalten.

Die Plunder werden bei 180 Grad für ca. 15 Minuten gebacken bis sie goldgelb sind.

BÄCKEREI
REISINGER
www.baeckerei-
reisinger.co.at
TANTE FANNY
www.tantefanny.at

KNUSPRIG CREMIGE

MERINGUE ROULADE

„Besoffene Meringue à la Anita"

WAS ICH DAZU BRAUCHE:

5 Eiweiß Größe L
250 g Backzucker
50 g Mandelblätter

Creme hell:
250 g Magertopfen
250 ml Schlagobers
1 kräftigen Schuss Eierlikör (ca. 50 ml)
2-3 EL Staubzucker
3 Blatt Gelatine

Frucht-Creme:
250 ml pures Fruchtpüree aus Erdbeeren, Heidelbeeren, Brombeeren
2-3 EL Staubzucker
3 Blatt Gelatine

Wissenswertes:
Die Meringue ist ohne Mehl, ersetzt man den Zucker durch Erythrit oder Birkenzucker ist diese Süßspeise ein Low Carb-Gericht par excellence und schmeckt sagenhaft gut!

SO MACHE ICH DAS:

- Das Eiklar schlage ich mit dem Zucker sehr steif. Das nimmt mit der Küchenmaschine ca. 10 Minuten Zeit in Anspruch. Danach trage ich die Masse gleichmäßig auf ein Blech auf, streue die Mandeln darüber und backe sie im auf 200 Grad vorgeheizten Backrohr bei Ober- und Unterhitze für 12 Minuten. Danach reduziere ich für weitere 10 Minuten auf 160 Grad, dann für weitere 20 Minuten auf 130 Grad.

- Das fertig gebackene Baiser nehme ich aus dem Ofen, lasse es vorsichtig mit der Mandelseite nach unten auf ein sauberes Backpapier gleiten und für ca. 5 Minuten abkühlen. Währenddessen befeuchte ich leicht ein Geschirrtuch und lege es auf die Roulade, um diese vorsichtig aufzurollen. Nun darf die Roulade ruhen und rasten, während ich die beiden Cremen für die Füllung zubereite.

- Für die dunkle Creme püriere ich 250 ml Früchte, süße mit Staubzucker und rühre die Hälfte der zuvor in kaltem Wasser erweichten und dann am Herd bei leichter Wärme zerlassenen Gelatineblätter unter.
  Für die helle Creme schlage ich Schlagobers auf, hebe es unter den Topfen und füge Eierlikör und Zucker dazu. Für die richtige Konsistenz braucht es hier die verbliebene Gelatine.

- Beide Cremen gebe ich für ca. 15-20 Minuten in den Kühlschrank, bevor ich die Roulade damit schichtweise fülle und einrolle.

BAUMBERGER ST. FLORIAN
www.baumberger.at
„Hochglanz und effektvolle Farbkontraste“
Miele

MANGO EIS

„Karibischer Eistraum"

WAS ICH DAZU BRAUCHE:

Rezept für 500 ml fertiges Eis

1	große, reife Mango (250 ml Fruchtpüree)
1	Limette
85 g	Zucker
2	Eigelb
150 ml	Schlagobers
50 ml	Vollmich
2 EL	Honig

SO MACHE ICH DAS:

- Zuerst schäle ich die Mango und schneide das Fruchtfleisch in sehr kleine Stücke, die ich dann im Mixer mit der Hälfte des Zuckers püriere, danach passiere und kühl stelle.
  Die Dotter mit dem restlichen Zucker schlage ich in einer Rührschüssel schaumig.

- Schlagobers, Milch und Honig lasse ich in einem Topf aufkochen und hebe diese noch warme Masse nach und nach unter die schaumig gerührte Dotter-Zucker-Mischung, die ich dann wieder zurück in den Topf auf den Herd gebe und leicht unter dem Siedepunkt unter häufigem Rühren eindicken lasse.

- Sobald die Creme schön eingedickt ist, rühre ich die Masse über einem kalten Wasserbad weiter, sodass sie gut abkühlt.

- Danach stelle ich die Creme für 1-2 Stunden in den Eisschrank, bevor sie in meine Eismaschine mit integriertem Kühler kommt und für 1 Stunde cremig gerührt und gefroren wird.

Mein Tipp für Dich:
Das Mango-Eis schmeckt hervorragend und bekommt auch eine wunderschöne Farbe, wenn die Mango entsprechend gereift ist. Für meine private Eisproduktion verwende ich daher immer sehr reife und schon weiche Mangos.

MIRROR GLAZE TÖRTCHEN

„Spieglein, Spieglein an der Wand…“

WAS ICH DAZU BRAUCHE:

Zutaten für 5 Törtchen in Kuppelgröße von je 8 cm

2	Eier
80 g	Staubzucker
1 TL	Vanillezucker
2 EL	heißes Wasser
80 g	Mehl
	eine Prise Backpulver

Zutaten Creme-Füllung:

250 g	Schlagobers
½ Pkg	Waldbeeren-sahnestand
62,5 ml	Wasser (20 Grad)

Zutaten Mirror Glazé:

10 g	gemahlene Gelatine
60 g	kaltes Wasser
150 g	Glucose Sirup
150 g	Kristallzucker
75 ml	Wasser
100 g	gesüßte Kondensmilch
150 g	Kuvertüre weiß
	Lebensmittelfarbe lila

SO MACHE ICH DAS:

- Biskuit:
  Für das Biskuit rühre ich die Eier mit Wasser, Staubzucker und Vanillezucker sehr schaumig und hebe zuletzt das Mehl mit Backpulver vermengt unter. Dieses Biskuit streiche ich auf ein mit Backrahmen versehenes Blech, sodass die Füllmenge ca. 1,5 - max. 2 cm hoch ist. Das fertige Biskuit sollte max. 3 cm hoch werden: Ich backe es im auf 200 Grad vorgewärmten Backrohr ca. 8-10 Minuten (Nadelprobe) und lasse es dann auskühlen. Danach steche ich Kreise mit 8 cm Durchmesser aus.

- Creme-Füllung:
  Den Waldbeerensahnestand rühre ich mit 62,5 ml Wasser (erwärmt auf 20 Grad) glatt und hebe diesen unter das geschlagene Schlagobers. Die Creme fülle ich in einen Spritzsack und fülle damit 5 Kuppel-Formen mit 8 cm Durchmesser. Danach setze ich die runden ausgestochenen Biskuitteile darauf und stelle die gesamte gefüllte Form für mindestens 6 Stunden in den Tiefkühlschrank.

- Mirror Glazé:
  Die Gelatine in kaltem Wasser auflösen. Zucker, Glucosesirup und Wasser koche ich in einem Topf kurz auf und nehme es dann vom Herd.Nun füge ich die aufgelöste Gelatine und die Kondensmilch hinzu und gebe die Kuvertüre stückweise in die Zuckermasse. Mit dem Pürierstab die Masse fein pürieren. Zuletzt gebe ich Lebensmittelfarbe nach Wunsch dazu, bis ein schönes Violett erreicht ist. Nun ist es wichtig, dass man die Glasur auf 35 Grad abkühlen lässt, um sie dann weiter zu verarbeiten.

- Ich hole die Törtchen aus dem Tiefkühlfach, nehme ein Törtchen aus der Form (den Rest kühle ich wieder ein), stelle es auf einen Rost und gebe darunter eine kleine Schüssel, um die ablaufende Glasur aufzufangen. Nun lasse ich die 35 Grad Glasur über das Törtchen laufen, bis dieses vollständig überzogen ist. Die Glasur haftet sehr schnell, daher empfehle ich zügiges Arbeiten. Ich dekoriere nach Lust und Laune und wiederhole diesen Vorgang bei allen weiteren Törtchen.

„Qualität und Ästhetik"

ZUM EDI
www.zum-edi.eu

Mein Tipp für Dich:
Mirror Glazé Törtchen kannst du nach diesem Rezept ganz individuell füllen, glasieren und garnieren. Von Mousse au chocolat bis hin zu Cappuccinocrème oder fruchtig mit Mango und gelber Glasur sind diese Törtchen ein echtes Highlight.

SO MACHE ICH DAS:

- Für die Fülle koche ich Milch, Zucker, Rosinen und Honig kurz auf, gebe dann die Gewürze dazu und hebe zuletzt Mohn und Brösel unter die Masse. Während ich die Fülle gut abkühlen lasse, habe ich ausreichend Zeit, um den Plunderteig vorzubereiten.

- Für den Butterziegel verknete ich Butter und Mehl sehr rasch, forme daraus einen Ziegel und stelle diesen kühl.

- Für den Teig vermenge ich das Mehl mit Germ, füge alle weiteren Zutaten hinzu und forme eine Kugel, die ich in Folie wickle und für eine Stunde kühl stelle.

- Nach einer Stunde rolle ich diesen Teig auf meiner Arbeitsfläche in der ungefähren Größe eines Backblechs aus. Den Butterziegel lege ich auf die untere Teighälfte, schlage die Ränder über den Butterziegel und drücke diese an. Die Obere Teighälfte klappe ich ebenfalls darüber und drücke sie an. Den Teig bestaube ich beidseitig mit Mehl, wickle diesen in eine Folie und lasse ihn dann für eine Stunde kühl rasten.

- Nach einer Stunde wiederhole ich diesen Vorgang. Ich bestreue den Teig mit Mehl, rolle auf 40 x 30 cm aus, schlage das untere Teigdrittel zur Mitte ein, schlage das obere Teigdrittel darüber, drücke den Teig zusammen, wickle alles in Folie ein und lasse ihn für weitere 45 Minuten rasten. Dieser Vorgang wird noch zweimal wiederholt, bei jedem Vorgang wird der Striezel um 90 Grad gedreht. Vor dem Backen lasse ich den Teig nochmals 45 Minuten rasten.

  Mein Tipp für Dich:
  Da die Herstellung von Plunderteig zeitaufwändig ist, greife auch ich gerne zu Plunderteig von Tante Fanny, der frei von Geschmacksverstärkern und Farbstoffen und dem selbstgemachten Plunderteig qualitativ ähnlich ist.

-

  Für das Füllen des Plunderteiges walke ich den Teig in Blechgröße aus, trage die zuvor vorbereitete, abgekühlte Mohnfülle dünn auf und rolle den Teig auf der kurzen Seite auf. Nun schneide ich den Teig abwechselnd rechts und links alle 2-3 cm schräg ein und drehe die Stücke auf. Damit ergibt sich ein wunderschöner Zopf – ein absoluter Eyecatcher! Den fertig geformten Zopf mit Eidotter bestreichen und bei 180 Grad ca. 35-40 Minuten backen.

  Eine Augenweide für alle Gäste & Genießer!

WAS ICH DAZU BRAUCHE:

Plunderteig:

250 ml	lauwarme Milch
1 Pkg	Trockengerm
3	Dotter
50 g	Kristallzucker
500 g	glattes Mehl
	etwas Salz
50 g	zimmerwarme Butter

Butterziegel:

400 g	kalte Butter
40 g	glattes Mehl

Mohnfülle:

275 g	geriebener Mohn
220 ml	Milch
30 g	Honig
140 g	sehr feine Semmelbrösel
80 g	Zucker
50 g	Rosinen
4 cl	Rum
1 Pkg	Vanillezucker
½ TL	Zimt
	etwas Zitronensaft
	Prise Salz

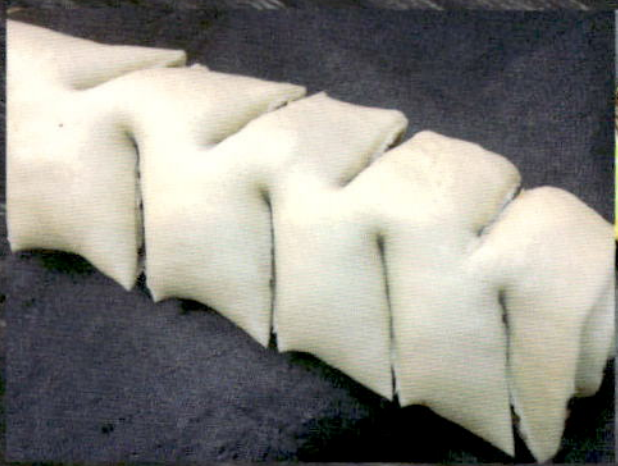

TANTE FANNY
www.tantefanny.at

MOHN PLUNDER ZOPF

„Aufgedrehter Eyecatcher"

NAKED CAKE OF GRAPES AND DAISIES

WAS ICH DAZU BRAUCHE:

4	Eier
4 EL	heißes Wasser
160 g	Zucker
½ Pkg	Vanillezucker
160 g	glattes Weizenmehl

Füllung:

250 g	Magertopfen
500 g	Mascarpone
1 Becher	36 % Schlagobers
	Saft von 10 frischen Limetten
	Staubzucker nach Geschmack

Topping:

grüne Lebensmittelfarbe
Weintrauben
Waldmeister-Kräuter
Limetten-Zesten

SO MACHE ICH DAS:

Die ganzen Eier schlage ich mit Kristallzucker und heißem Wasser für ca. 10 Minuten auf höchster Stufe in der Küchenmaschine auf. Danach hebe ich vorsichtig das Mehl unter und teile das Biskuit auf in zwei mit Butter und Mehl gestaubte Tortenformen mit jeweils einem Durchmesser von 16 cm. Im vorgeheizten Backrohr lasse ich beide Tortenböden bei 200 Grad ca. 20 Minuten backen.

Während ich das Biskuit vollständig abkühlen lasse, bereite ich die Füllung zu. Dafür vermenge ich Topfen mit Mascarpone und dem Limettensaft, gebe Staubzucker nach persönlichem Geschmack dazu und hebe das zuvor geschlagene Schlagobers zuletzt vorsichtig unter.

Das ausgekühlte Biskuit schneide ich nun jeweils mittig durch und bestreiche Ober- und Unterteil gleichmäßig mit der Füllung, setze die Tortenböden wieder aufeinander und bestreiche dann die gesamte Torte außen.

Mein Tipp für Dich:
Besonders schön finde ich es, wenn man einen Teil der Füllung mit Lebensmittelfarbe zart grün färbt und auf der fertigen Torte nur mehr Dekorationsakzente setzt.

Als Topping verwende ich dazu gerne frische kernlose halbierte Weintrauben, klein geschnittene Limetten und frische Gänseblümchen sowie Limettenzesten.

„Frühling pur“

SILVIA FISCHER
- ECHTE KUCHENLIEBE
www.silviafischer.com

NUMBER

WAS ICH DAZU BRAUCHE:

250 g	Butter
130 g	Staubzucker
¼ TL	Salz
½ TL	Vanilleextrakt
1	Ei Größe L
350 g	glattes Mehl
55 g	Kakao
130 g	gemahlene Mandeln

Zutaten für die Creme:

500 ml	Schlagobers
125 ml	Wasser 20 Grad
1 Pkg	Sahnestand Pfirsich-Melba
	gelbe Lebensmittelfarbe

<u>Mein Tipp für Dich:</u>
Beim Füllen und Dekorieren bin ich immer kreativ. Jede meiner Zahlentorten sieht anders aus, da ich spontan aus meinem Fundus an Dekorationen schöpfe. Früchte, Süßigkeiten, Blumen – alles ist möglich.

CAKE

„Raffinierte Zahlenspiele"

URBANN
CAFE.CONFISERIE
TRADITION SEIT 1853
www.urbann.cc

SO MACHE ICH DAS:

- Für den Mürbteig vermenge ich alle Zutaten und knete diese zu einem glatten Teig, den ich für eine Stunde im Kühlschrank rasten lasse. Zwischenzeitig bereite ich Schablonen mit den benötigten Zahlen auf einem A4 Karton vor. Den Mürbteig walke ich 5 mm dünn aus und schneide dann mit Hilfe der Schablonen jeweils zwei Zahlen aus.
  Aus den Teig-Abfällen steche ich zusätzliche kleine Herzen aus. Den Teig mit den Zahlen gebe ich für 30 Minuten in den Gefrierschrank, damit vermeide ich, dass der Teig beim Backen zu sehr aufgeht.

- Der Teig wird bei 170 Grad Ober- und Unterhitze ca. 30 Minuten lang gebacken, bis die Ecken leicht braun werden. Während er auskühlt, bereite ich die Creme vor.

- Schlagobers schaumig schlagen, den mit dem 20 Grad kalten Wasser zuvor vermengten Sahnestand hinzufügen und alles nochmals kurz aufschlagen.

- Nun nehme ich von der gesamten Menge ca. 1/3 und rühre gelbe Lebensmittelfarbe unter. Zum Füllen zwischen der ersten und zweiten Lage verwende ich die ungefärbte Pfirsich-Melba-Creme, um die kleinen Rosetten auf dem Top des Cakes herzustellen, verwende ich die eingefärbte Creme. Neben den Rosetten platziere ich die zuvor ausgestochenen Mürbteigherzen.

KEMETMÜLLER
www.facebook.com/
kemetmueller

OMAS APFEL

„Wo man Landeier serviert und am Herd die Vögel hört."

SCHLANGERL

„Backkunst aus Omas Zeiten"

SO MACHE ICH DAS:

- Aus diesen Zutaten knete ich einen Mürbteig und lasse diesen zugedeckt mindestens eine Stunde im Kühlschrank rasten.

  Mein Tipp für Dich:
  Dieses Rezept hat lange Tradition im ländlichen Bereich – in früheren Zeiten wurden Mehlspeisen aus jenen Lebensmitteln zubereitet, die ein Bauernhof selbst produzierte. Verwende als Triebmittel einen EL Wein statt, wie üblich, Backpulver – es funktioniert wunderbar.

  Ein weiterer Tipp für Dich:
  Die richtige Temperatur der Butter beim Verarbeiten ist maßgeblich für Dein perfektes Ergebnis. Ich verwende in warmen Sommertagen immer Butter direkt aus dem Kühlschrank, im Winter gebe ich die Butter 15 Minuten vor dem Verarbeiten aus dem Kühlschrank.

- Nach einer Stunde rolle ich den Teig rechteckig aus und platziere die Fülle in der Mitte, schlage dann die äußeren Enden nach innen und lege Teigstreifen quer darüber.
  Die fertigen Strudel bestreiche ich mit Eidotter, damit diese beim Backen eine schöne Farbe erhalten.

- Im vorgeheizten Rohr backe ich die Apfel-Schlangerl bei 175 Grad 30 Minuten.

- Die Apfelschlangerl schmecken mir persönlich am nächsten Tag immer am besten.

WAS ICH DAZU BRAUCHE:

Menge reicht für 2 Strudel

125 g	glattes Universal Mehl Typ 480
150 g	Weizenvollkornmehl
oder alternativ:	
275 g	glattes Universal Mehl Typ 480
250 g	Butter
2	Dotter
1	Prise Salz
2 EL	Magertopfen
1 TL	Zitronensaft
1 EL	Wein

Für die Fülle:

4	Äpfel fein gehachelt
1	Päckchen Vanillezucker
1	Handvoll Rosinen
	je eine Prise Zimt und Nelken gemahlen

ORANGENTARTE

WAS ICH DAZU BRAUCHE:

Tarte:

250 g	Dinkelmehl glatt
100 g	Staubzucker
125 g	Bio Butter
1	Ei

Fülle:

1 Schuss	Orangenlikör
3	Orangen zum Dekorieren / Zesten
125 ml	frisch gepresster Orangensaft
2	Eier
2	Eigelb
100 g	Butter
200 g	Staubzucker
1 Prise	Salz
	eine Handvoll Mandelblätter

KOWALSKI
www.diakoniewerk.at/cafe-bistro-kowalski

SO MACHE ICH DAS:

- Aus den angeführten Zutaten bereite ich einen Mürbteig zu und lasse diesen zugedeckt eine Stunde im Kühlschrank rasten.

- Zum Backen bereite ich meine eckige Backform vor, die ich entweder einfette und staube, oder mit Backfolie auslege.

  Mein Tipp für Dich:
  Mürbteig ist oft klebrig und bricht leicht, daher verwende ich zum Ausrollen immer eine Frischhaltefolie – ich lege diese unten und oben auf den Teig, damit sich dieser einfach und sehr dünn ausrollen lässt.

- Für die Blindback-Technik verwende ich Blindback-Erbsen, mit denen ich den gesamten Boden der Backform auslege: Damit kann der Rand schön aufgehen, der Boden bleibt flach und kann nachher gut gefüllt werden.

- Nun lasse ich die Tarte für 10 Minuten bei 200 Grad backen.

- Für die Fülle verquirle ich 2 Eier und die 2 Eigelb mit dem Staubzucker.
  Nun Zesten von den Orangen abschneiden und fein zerkleinern, den Orangensaft pressen und aufkochen lassen, die Zesten hinzugeben und für drei Minuten leicht köcheln lassen.

- Danach gebe ich die Butter und das Zucker-Ei Gemisch dazu und lasse alles bei mittlerer Hitze unter ständigem Rühren etwa 10 Minuten einkochen bis dieses Gemisch eine schöne dickliche Konsistenz hat.
  Nun kann die Creme in die Tarte gefüllt werden und danach für 2-3 Stunden erkalten. Das fertige Werk verziere ich nach Lust und Laune.

„Süß und sauer – die Balance macht's"

„Sommernachtstraum"

PFLAUMEN TARTELETTES

SO MACHE ICH DAS:

- Für den Teig vermenge ich Zucker, Eier und Vanillezucker und rühre alles schaumig.
- Danach füge ich Mehl, Backpulver, weiche Butter und Buttermilch hinzu und vermenge alle Zutaten zu einer zähen Masse. Diese fülle ich nun in acht eingefettete und mit Mehl bestäubte Tartelette-Formen und belege diese mit den klein geschnittenen Pflaumen.
- Für die Streusel knete ich die angegebenen Zutaten und streue diese über die Pflaumen. Dann backe ich die Tartelettes bei 170 Grad Heißluft für 20 Minuten.

WAS ICH DAZU BRAUCHE:

ergibt 8 Tartelettes

100 g	Zucker
1 Pkg	Vanillezucker
1 Prise	Salz
2	Eier
330 g	Mehl
½ Pkg	Backpulver
85 g	Butter
165 ml	Buttermilch

Streusel:

60 g	Butter
60 g	Zucker
60 g	Mehl

1 Messerspitze Zimt

500 g	Pflaumen

RELIEF KIWI-BEEREN-TÖRTCHEN

SO MACHE ICH DAS:

- Für die Biskuit Masse zerteile ich die Marzipan Rohmasse in kleine Stücke und knete nach und nach die Eier ein. Diese Masse rühre ich dann schaumig, bevor ich Limettensaft, Zucker, Salz, Mehl und zerlassene Butter unterrühre. Der steif geschlagene Eischnee wird zuletzt untergehoben.

- Die Zutaten für die färbige Struktur verrühre ich glatt und gebe etwas flüssige Lebensmittelfarbe nach Wahl dazu. Dann streiche ich diese Masse dünn auf eine Relief-Backmatte auf.

- Nun gebe ich die Biskuit Masse auf die Relief-Backmatte, über die zuvor aufgestrichene färbige Struktur. Danach backe ich die gesamte Masse für ca. 15-20 Minuten bei 180 Grad im vorgewärmten Backrohr. Nach der Backzeit stürze ich den Teig auf ein Backpapier und ziehe vorsichtig die Relief-Matte ab.

- Den Relief-Tortenboden schneide ich nun in Streifen und gebe den Teig in Backringe, die ich dann wahlweise mit Joghurt-Schlagobers-Creme oder mit einer Mischung aus Mascarpone, Schlagobers, Limettensaft und Staubzucker fülle. Für das Verzieren der Törtchen habe ich mich dieses Mal für Kiwi-

WAS ICH DAZU BRAUCHE:

Rezept für 30x40 cm Backmatte und 5-6 Törtchen

Teig:

300 g	Marzipan Rohmasse
4	Eier
	etwas Limettensaft
100 g	Eiweiß
40 g	Kristallzucker
1 Prise	Salz
70 g	glattes Mehl
40 g	zerlassene Butter

Färbige Struktur:

100 g	Staubzucker
100 g	glattes Weizenmehl
100 g	Schlagobers
	Lebensmittelfarbe

WIA Z' HAUS LEHNER
www.wiazhaus-lehner.at

*„Kalorienarm und vitaminreich –
die Kiwibeere aus dem Garten"*

Mein Tipp für Dich:
Der Relief-Teig kann auch sehr gut mit Schoko-Biskuit zubereitet werden und alternativ mit jeder gewünschten Creme gefüllt werden.

RIBISELSCHNITTE

„Österreichische Tradition – Ribiselschnitte à la Moser"

SO MACHE ICH DAS:

- Zuerst trenne ich die Eier und schlage die Dotter mit Staubzucker und Vanillezucker zu einer sehr schaumigen Masse, unter die ich 1/8 Liter Milch mit der zerlassenen Butter rühre und das mit Backpulver vermengte Mehl unterhebe.
- Nun lasse ich den Teig mit Hilfe eines Backrahmens 35 Minuten bei 175 Grad Heißluft backen.
- Für den Ribiselschaum schlage ich das Eiklar mit dem Staubzucker ca. 12 Minuten in der Küchenmaschine sehr steif und hebe danach vorsichtig 250 g frische Ribisel unter. Den fertigen Ribisel-Eischnee streiche ich nun glatt auf den Teig und ziehe mit einer Gabel schöne Wellenlinien. Danach stelle ich den Teig kurz unter den Grill im Backrohr auf Stufe 3.

<u>Mein Tipp für Dich:</u>
Eischnee bräunt sehr schnell unter dem Grill – niemals aus den Augen lassen!

WAS ICH DAZU BRAUCHE:

3	Dotter
1 Pkg	Vanillezucker
3 EL	heißes Wasser
150 g	Staubzucker

1/8 l	Milch
250 g	Mehl
½ Pkg	Backpulver
50 g	zerlassene Butter

Schneehaube mit Ribisel:

3	Eiklar
200 g	Staubzucker
1 Pkg	Vanillezucker
300 g	Ribisel

Ein langjähriges beliebtes Familienrezept, welches ich von meiner Mama in mein Rezeptbüchlein übernommen habe: am 7. Juli 1989.

GLORIOUS BASTARDS
www.glorious-bastards.at

ROTE

RÜBEN-SCHOKOLADE

„Symphonie aus Roter Rübe und Schokolade"

SO MACHE ICH DAS:

- Zuerst lasse ich die Schokolade mit dem Kokosöl über schwachem Wasserdampf schmelzen und dann etwas abkühlen.

- Die Eiklar schlage ich sehr steif auf.
  Das Eigelb schlage ich mit dem Zucker schaumig und füge dann die Kokosöl-Schokoladenmischung dazu. Nun vermische ich das Kokosmehl mit Backpulver und Backkakao und füge es mit dem Püree der Roten Rüben dazu.

- Zuletzt hebe ich den steif geschlagenen Eischnee mit dem Schneebesen vorsichtig unter diese Masse, fülle alles in eine schöne Form nach Wahl und lasse den Kuchen bei 170 Grad Heißluft für 35 Minuten im Rohr backen.

  Mein Tipp für Dich:
  Wunderschön wird der Kuchen in einer großen Silikon-Spiralform! Alternativ passt die angegebene Menge auch sehr gut für eine Springform mit 24 cm Durchmesser.

WAS ICH DAZU BRAUCHE:

250 g	gekochte, pürierte Rote Rüben
62,5g	Kokosmehl
190 g	Zartbitter Schokolade mind. 75 %
2,5 EL	Bio Backkakao entölt
6	Eier Größe L
110 g	Birkenzucker
190 g	Kokosöl
3 TL	Backpulver

„Für die Baumeister unter uns"

SCHOKOLADE TRIFFT MANGO

SO MACHE ICH DAS:

- Für den Ölteig trenne ich die Eier und schlage das Eiklar zuerst steif, bevor ich die Eidotter mit dem Wasser-Öl-Gemisch und Zucker schaumig schlage. Danach hebe ich das mit Backpulver und Kakao vermischte Mehl mit dem steif geschlagenen Eiweiß vorsichtig unter und lasse den Teig im vorgeheizten Backrohr auf 170 Grad Heißluft für 25 Minuten backen.

- Für das Topping vermenge ich 3 EL zimmerwarmen Mascarpone mit dem frisch gepressten Zitronensaft und 3 EL fein püriertem Mangofruchtpüree und süße je nach Geschmack mit Staubzucker. Das mit Sahnesteif fest geschlagene Schlagobers hebe ich vorsichtig unter und gebe die Masse in einen Dressiersack.

- Aus dem abgekühlten Ölteig steche ich mit Dressierringen 3 verschiedene Größen kleiner Tortenböden aus, die mit Creme aufeinander geschichtet werden.

Mein Tipp für Dich:
Aus den Grundzutaten dieser Mini-Törtchen lassen sich wahlweise 3 Stück dreistöckige oder 4 Stück 2 stöckige und eine Vielzahl an einfachen Mini-Törtchen gestalten.

WAS ICH DAZU BRAUCHE:

Menge für 4 Mini-Törtchen mit 3 Etagen

2	Eier
150 g	Zucker
½ Pkg	Vanillezucker
65 ml	Wasser
65 ml	Rapsöl
150 g	Mehl
¼ Pkg	Backpulver
5-6 EL	Bio-Backkakao teilentölt

Topping:

3 EL	Mascarpone
150 ml	Schlagobers
1 Pkg	Sahnesteif
1	Mango
1 EL	frisch gepresster Zitronensaft
	Staubzucker nach Geschmack

SCHWARZ-WÄLDER DRIP CAKE

SO MACHE ICH DAS:

- Für den Teig schmelze ich die Schokolade mit der Butter im Wasserbad.
- Während beides abkühlt, schlage ich die Eier mit Zucker und Vanillezucker in der Küchenmaschine sehr schaumig. Während die Masse in der Küchenmaschine auf niedriger Stufe weiterrührt, gebe ich nach und nach das Butter-Schokoladengemisch dazu. Zuletzt hebe ich das mit Backpulver vermischte Mehl vorsichtig mit dem Schneebesen unter.
- Diese Teigmasse fülle ich nun in eine gefettete und gestaubte Tortenform mit einem Durchmesser von etwa 16 cm und lasse sie im vorgeheizten Backrohr bei 175 Grad für etwa 15-20 Minuten backen.
- Für die Füllung schneide ich die Weichseln in Viertelstücke und stelle diese beiseite.
- Den dabei gewonnenen Weichselsaft mische ich in einem Topf mit Rum und 2-3 EL glatt gerührtem Puddingpulver und lasse es aufkochen bis die Masse leicht stockt. Dann nehme ich die Creme vom Herd und lasse sie ruhen.
- Die in der Zwischenzeit ausgekühlte Torte schneide ich mittig durch und bestreiche sie mit der Creme, gebe dann die geviertelten Weichseln darauf und zuletzt das steif geschlagene Schlagobers bevor ich die zweite Tortenhälfte aufsetze.

WAS ICH DAZU BRAUCHE:

Rezept für 6 Tortenstücke

Teig:

175 g	Edelbitter Schokolade 70 %
60 g	Butter
2	Bio-Eier Größe L
125 g	Feinkristallzucker
1 Prise	Salz
1 TL	Vanillezucker
75 g	glattes Mehl
1 Msp	Backpulver

Füllung:

1 Glas	entkernte Weichseln 500 ml
1 Pkg	Vanillepuddingpulver
1-2 EL	Rum
1 Becher	Schlagobers

Ganache:

150 ml	Schlagobers 36 % Fett
150 g	dunkle Kuvertüre

- Für die Ganache erwärme ich 150 ml Schlagobers auf kleiner Stufe (darf nicht kochen), ziehe diese vom Herd und rühre 150 g gehackte Kuvertüre dazu. Diese Masse rühre ich vorsichtig so lange, bis eine Schokoladencreme entsteht, die nicht zu dünn sein darf, aber auch nicht stocken soll.

Mein Tipp für Dich:
Die richtige Temperatur ist der Schlüssel zum Erfolg. Wer Kalorien sparen will, kommt auch mit 100 g Kuvertüre / 100 ml Schlagobers aus.

„Damit ist gut Kirschen essen"

KUCHENWUNDER
CARMEN SCHLÄGEL
www.kuchenwunder.at

- Dripcakes lassen sich variantenreich schön und phantasievoll gestalten: Ich habe hier mit Weichseln, dunkler Schokolade, Schlagobers-Rosetten und Minzblättern verziert.

„Das Leben findet rund um die Küche statt."
„Sommerliche Stimmu zu jeder Jahreszeit"

TARTE AU CITRON

SO MACHE ICH DAS:

- Aus den Zutaten knete ich einen schönen, glatten Mürbteig und lasse diesen für eine Stunde im Kühlschrank rasten. Danach lege ich den Mürbteig in die gefettete und mit Mehl gestaubte Tarteform. Für das Blindbacken fülle ich nun die Form mit Backerbsen und lasse sie 10 Minuten bei 180 Grad Heißluft backen. Danach entferne ich die Backerbsen, backe für weitere 10 Minuten und lasse den Teig in der Form auskühlen.

- Nun wird die Creme zubereitet.
  Von den Zitronen schneide ich Zesten ab und hacke diese sehr fein. Die gehackten Zitronenzesten lasse ich mit 115 ml frisch gepresstem Zitronensaft für 3 Minuten aufkochen, damit sich das Zitronenaroma schön entfalten kann. Den Topf nehme ich nun vom Herd und rühre Butter, Zucker, Eier und Eigelb ein. Bei mittlerer Hitze lasse ich diese Creme leicht erwärmen, bis sie beginnt einzudicken, was erfahrungsgemäß ca. 8-10 Minuten dauert. Sobald die Creme dickflüssig und cremig ist, trage ich sie auf den Mürbteig-Boden auf und stelle nun die Tarte für ein paar Stunden in den Kühlschrank.

- Für die Meringue schlage ich Eiweiß, Salz und Zucker sehr steif auf, streiche diese Masse mit einem Löffel auf die Tarte und stelle die gesamte Torte noch kurz unter den Grill, bis die Meringue eine schöne braune Farbe erhält.

WAS ICH DAZU BRAUCHE:

Teig:

200 g	glattes Mehl
100 g	zimmerwarme Butter
1	Ei
20 g	gemahlene Mandeln
75 g	Zucker

Creme:

3	Bio-Zitronen
3	Eier
2	Eigelb
100 g	Butter
120 g	Zucker

Meringue:

1 Prise	Salz
120 g	Zucker
3	Eiweiß

GERBEREI
www.gerberei.co.at

TOPFEN-
MÄUSE

WAS ICH DAZU BRAUCHE:

Menge reicht für 12 gebackene Mäuse

250 g	Magertopfen
250 g	glattes Mehl
½ Pkg	Backpulver
4 EL	Kristallzucker
1 Pkg	Vanillezucker
3	Eier
1 EL	Rum
	1 Prise Salz

Nach Belieben:
in Rum eingelegte Rosinen

Pflanzenöl zum Ausbacken

„Süße Maus aus´m Pfandl"

DIE DONAUWIRTINNEN
www.diedonauwirtinnen.at

SO MACHE ICH DAS:

- Ich rühre die ganzen Eier mit Zucker und Vanillezucker in der Küchenmaschine schaumig und gebe dann die restlichen Zutaten dazu. Sobald der Teig schön fest ist, steche ich mit zwei nassen Esslöffeln Nockerl aus. Diese backe ich nun im leicht erhitzten Fett in einer hohen Pfanne heraus.

<u>Mein Tipp für Dich:</u>
Backe jeweils vier Mäuse auf einmal in der Pfanne – damit bist du nach nur drei Durchgängen fertig.

Achte allerdings darauf, dass das Fett nicht zu heiß ist und die Mäuse nicht zu rasch braun werden. Pro Backvorgang solltest du ca. 5-6 Minuten Backzeit einplanen, denn dadurch wird der Teig wunderbar flaumig.

Willst du die Topfenmäuse zu einem besonderen Erlebnis machen, dann fülle sie vor dem Backen mit einem gefrorenen Stück Nougat oder Pocket-Coffee.

VALENTINS-

„Valentin und die Liebe"

HERZEN

WAS ICH DAZU BRAUCHE:

Diese Menge ergibt
ca. 8-10 Stück / je Größe

6	Eier
250 g	Zucker
125 ml	Rapsöl
125 ml	kaltes Wasser
je 80 g	geriebene Wal- und Haselnüsse
160 g	Weizenvollkornmehl
1 Pkg	Weinsteinbackpulver
2 TL	ungesüßtes Kakaopulver
1 Pkg	Himbeersahnestand
125 ml	Wasser (auf ca. 20 Grad erwärmt)
500 ml	Schlagobers
200 g	Schokolade 70 %
1 EL	Nativ Bio Kokosöl
1 TL	Himbeerpulver

SO MACHE ICH DAS:

- Eiklar und Eidotter trennen und zuerst das Eiklar zu einer steifen Schneemasse verrühren. Die Dotter mit dem Zucker aufschlagen und dann abwechselnd das Rapsöl-Wasser-Gemisch mit den Nüssen dazu geben.

  Mein Tipp für Dich:
  Wer sich gleichbleibende hervorragende Teigqualität wünscht, dem empfehle ich Bio-Weizenvollkornmehl zu verwenden. Das Vollmehl verspricht wunderbare Ergebnisse und kostet kaum mehr als übliche Handelsware im Supermarkt.

- Nun vermische ich Kakao und Backpulver und rühre beides vorsichtig mit dem Bio-Mehl. Zuletzt hebe ich den geschlagenen Eischnee unter. Gebacken wird bei 180 Grad Heißluft für 35 Minuten.

  Und noch ein Tipp für Dich:
  Damit ich schöne Herzen mit geringen Teig-Abfällen ausstechen kann, backe ich im Backblechrahmen und erhalte somit schöne gerade Linien.

- Nachdem der Teig ausgekühlt ist, steche ich nun die Herzen mit einem Keksausstecher aus.

- Für die Füllung schlage ich das Schlagobers.
  Mein dritter – bisher gut gehüteter – Tipp für Dich:
  Der Himbeer-Sahnestand! Diese Konditorenmischung enthält genau die richtige Mischung von veganen Stabilisatoren und natürlichen Fruchtaromen, mit denen man sehr einfach und schnell die schönsten und hervorragend schmeckenden Mehlspeisen zaubern kann.

- Den Himbeer-Sahnestand rühre ich mit 125 ml Wasser (erwärmt auf 20 Grad) glatt und hebe diesen unter das geschlagene Schlagobers. Nun ist die Creme zum Dekorieren fertig.
  Schokoladefans schmelzen noch 200 g dunkle Schokolade mit 1 EL nativem Bio Kokosöl und glasieren damit die Deckel der Herzen.

PARZMAIR
ZWISCHEN DEN SEEN
2010
KRACHER
BURGENLAND
SCHEURERE
TROCKENBEEREN
AUSLESE
NUMMER
3
Süß · alc. 11,0% vol
e 375 ml
PORTUGUESE LOVE
FEILER-ARTINGER
RUSTER AUSBRUCH
2013
BUCHEGGER
2014
Beerenauslese
Roter Veltliner
2015
AUSLESE
RIED PFAFFENBERG
STEINER RIESLING
Likör vom Malzerhof

WEINEMPFEHLUNG SÜSSES

Apfel-Ravioli	bel ami (70 % Traminer, 30 % Weißburgunder), halbtrocken, Weingut Dürnberg, Falkenstein, Weinviertel - NÖ
Baiser Schokoladentorte	Schokoladenlikör, Destillerie Farthofer, Öhling Mostviertel - NÖ
Birnen-Nuss-Blume	Hollerblüten-Zitronen Frizzante Sagenhaft, halbtrocken, Karl Inführ, Klosterneuburg - NÖ
Bischofsmütze	Auslese Riesling Pfaffenberg, Emmerich Knoll, Unterloiben, Wachau - NÖ
Blueberry-Tarte	Spumante Rosé, Francesco Drusian, Bigolino di Valdobbiadene, Venetien - IT
Eierlikörkuchen	Eierkirschlikör, Destillerie Parzmair, Schwanenstadt - OÖ
Gebackene Topfentorte mit Feigen	Moscato d´Asti Bricco del Sole, Piemont - IT
Gedeckte Apfeltorte	Apfel Cider, Martin Schurm, Lichtenberg - OÖ
Herztorte	Native Grape red Merlot, alkoholfreies Weintraubengetränk, Gols - Burgenland
Himbeer-Mohn-Joghurt Torte	Auslese Riesling, Gernot Leitner, Gols - Burgenland
Kaffee-Hippen-Dessert	Portuguese Love, Punks finest, Höflein, Carnuntum - NÖ
Kiwi-Beeren-Plunder	Holunderblütenfrizzante, Karl Inführ, Klosterneuburg - NÖ
nusprig cremige Meringue Roulade	Beerenauslese, Roter Veltliner, Walter Buchegger, Dross, Kremstal - NÖ
Mango Eis	Trockenbeerenauslese Sauvignon blanc, Walter Skoff, Gamlitz - Südsteiermark
Mirror Glazé Törtchen	Himbeerlikör, Destillerie Parzmair, Schwanenstadt - OÖ
Mohn Plunder Zopf	Dirndllikör, Josef Hochmair, Wallern - OÖ
aked Cake of Grapes and Daisies	Native Grape white Merlot, alkoholfreies Weintraubengetränk, Gols - Burgenland
Number Cake	Spumante Dru El Cru, Francesco Drusian, Bigolino di Valdobbiadene, Venetien - IT
Oma´s Apfelschlangerl	Auslese Riesling, Ludwig Hiedler, Langenlois Kamptal - NÖ
Orangentarte	Auslese Muskat-Ottonel, Gerhard Kracher, Illmitz - Burgenland
Pflaumen Tartelettes	Zwetschkenlikör, Destillerie Parzmair, Schwanenstadt - OÖ
Relief Kiwi-Beeren-Törtchen	Primosecco v. Muskateller, Wolfgang Hagn, Maiberg, Weinviertel - NÖ
Ribiselschnitte	Ribiselcider, Sighardt Donabaum, Spitz, Wachau - NÖ
Rote Rüben - Schokolade	Vindemia Nr. 10, Kloster am Spitz, Purbach am See - Burgenland
Schokolade trifft Mango	Trockenbeerenauslese Nr. 3, Scheurebe Zwischen den Seen, Kracher, Illmitz - Burgenland
Schwarzwälder Drip Cake	Schokoladengeist, Destillerie Farthofer, Öhling Mostviertel - NÖ
Tarte au Citron	Hollunderblütenfrizzante Sagenhaft, Karl Inführ, Klosterneuburg - NÖ
Topfenmäuse	Auslese Roter Traminer Steinbach, Reinhard Muster, Gamlitz - Südsteiermark
Valentinsherzen	Red Lips Rosé Frizzante, Sighardt-Donaubaum, Spitz, Wachau - NÖ

PIKANTES

Ⓖ GLUTENFREI

SÜSSES

olina ist DAS Qualitätssiegel für Küchen-fachberatung!
VENDRAME
CHARDONNAY
MASSET

olina®

KÜCHEN

Sage mir, wie du bist, und ich sage dir, wie deine olina ist

Ihre Küche soll Ihre Persönlichkeit in jeder Hinsicht widerspiegeln. In Ihrem nahen olina Küchenstudio treffen Sie auf die Persönlichkeiten, die Ihnen das ermöglichen.

Zuhören und fragen: Die große Kunst der Einfühlung

Fundierte Fachkenntnisse bringen unsere Küchenspezialisten und -spezialistinnen sowieso mit. Entscheidend ist aber letztlich das Verständnis für Ihre Lebensart. Deshalb betrachten wir uns als Berater und weniger als Verkäufer. Wundern Sie sich also nicht, wenn wir Sie so richtig löchern.

Mitdenken: Planung ist Kopfsache

Im Gespräch mit Ihnen beginnt es bei uns gleich zu arbeiten. Die ersten Ideen skizzieren wir oft mit Bleistift auf Millimeterpapier. Später bekommen Sie natürlich trotzdem einen CAD-Entwurf, der Ihre Küche perfekt dreidimensional abbildet und den Sie vorab in Gedanken durchschreiten können.

Alles machen: So sieht Rundum-Service aus!

Lassen Sie uns nur machen! Zu unserem Fullservice gehören die Lieferung, die komplette Montage durch unsere fachlich bestens ausgebildeten Monteure, die Koordination und Terminabstimmung sämtlicher Gewerke sowie das abschließende Saubermachen und Entsorgen des Verpackungsmaterials.

Garantieren: Unser Wort gibt's schriftlich

Bei olina ist der Fixpreis bis hin zur Endmontage schriftlich vereinbart; er steht also felsenfest. Auf Liefer- und Terminsicherheit können Sie sich ebenso verlassen. Zur Produktqualität müssen wir an dieser Stelle nicht viel sagen, denn unsere Service-Garantie von 10 Jahren spricht für sich.

PRIVATE TASTE WEBSHOP

MEINE REZEPTE

Vielfach gelingen Gerichte nur mit einfachen und gut formulierten Rezepten. Daher ist es mir ein Anliegen Dir meine persönlichen Rezepte, unter anderem auch von meinem Kochbuch Private Taste, einzeln zum Download in meinem Webshop anbieten zu können!
www.private-taste.at/rezepte

BACKZUBEHÖR

Mit dem richtigen Werkzeug gelingt vieles einfacher, schneller und leichter! Jene Produkte, die ich gerne und vielfach selbst in meiner Küche einsetze, darf ich Dir im Webshop anbieten.
www.private-taste.at/backzubehoer

EINKAUFEN, OHNE LANGE SUCHEN ZU MÜSSEN!

Oft fehlt Dir nur eine Kleinigkeit, um die tollen Rezepte aus Private Taste zaubern zu können? Ich habe eine zeitsparende Lösung für Dich! Die richtigen Lebensmittel und Küchenutensilien findest Du im Shop von Private Taste.
www.private-taste.at/produkt

Mit einer Küche von olina® und den Rezepten von PRIVATE TASTE werden Deine Kindheitsträume wahr.

BUCH-PATENSCHAFTEN -
ein großes DANKESCHÖN an alle Buch-Paten!

NEU UND EINZIGARTIG AUF DER SPEISEKARTE

Einige meiner Rezepte stehen unter der Patenschaft eines Gastronomen oder einer Gastronomin. Das bedeutet, dass der Pate bzw. die Patin mein Rezept auf der Speisekarte führt und es exklusiv im eigenen Lokal anbietet.
www.private-taste.at/karte

GENUSS IM RESTAURANT

Manche der Rezepte sind fixer Bestandteil der Speisekarte meiner Buchpaten und -patinnen. Ich empfehle sie gerne aufgrund meiner eigenen Erfahrungen und der vielen positiven Rezensionen auf meinen Facebook-Gruppen „Linz isst" und „Österreich isst".
www.private-taste.at/lokal

DIE RICHTIGE ZUTAT, DAS RICHTIGE PRODUKT

Das Geheimnis eines gelungenen Gerichts sind oftmals die richtigen Zutaten. Meine Erfahrung und mein Wissen um die wertvollen Bezugsquellen teile ich gerne mit Dir und führe Dich auf kurzem Weg dorthin!
www.private-taste.at/produkt

EINKAUFEN, OHNE LANGE SUCHEN ZU MÜSSEN

Fehlt Dir nur eine Kleinigkeit, um die tollen Rezepte aus Private Taste zaubern zu können? Ich habe eine zeitsparende Lösung für Dich! Die richtigen Lebensmittel und Küchenutensilien findest Du im Shop von Private Taste.
www.private-taste.at/shop

PRIVATE TASTE

Anita Moser